Annie Brocoli

G CUISINÉ

75 recettes végétariennes

LES ÉDITIONS DE L'HOMME

Une compagnie de Quebecor Media

Table des matières

Tout le monde connaît Germaine,

mais peu de personnes savent comment elle est devenue populaire. Alors, voici le récit de l'aventure déterminante de cette grenouille attachante.

Il y a mille douze mille ans, personne n'avait encore remarqué l'existence de notre précieuse grenouille. Germaine habitait dans la tige de son nénuphar, au bord du lac Fontaine. À cette époque, notre belle verdure était très timide et elle ne sortait de son domaine que pour faire ses emplettes. Je suis sûre que vous n'en croyez pas un mot, et pourtant...

Un jour, le maire du lac organisa une grande fête pour célébrer l'ouverture de la chasse à la mouche. Il invita tous les habitants du lac. Germaine dut prendre son courage à deux palmes et mettre sa timidité de côté pour se rendre aux festivités. Les organisateurs avaient pensé à tout: saut en hauteur, karaoké et hors-d'œuvre à la mouche grillée. Les habitants étaient fous de joie. Le chef cuisinier remarqua que seule Germaine n'avait pas encore goûté à ses fameuses bouchées à la mouche. En guise de

bienvenue, il décida de lui offrir personnellement une assiette de son délicieux mets. «Non, merci, lui répondit la grenouille, je suis végétarienne!» Le chef fut tellement étonné de sa réponse qu'il en échappa son assiette! «VÉGÉTARIENNE?» répliqua-t-il, stupéfait.

Les conversations cessèrent, les activités s'arrêtèrent et les invités se retournèrent d'un seul coup vers notre belle Germaine. On pouvait entendre une mouche voler et les pensées qui résonnaient dans la tête de chacun: «Comment peut-elle refuser le

mets préféré des grenouilles? Impossible! Mais que mange-t-elle si elle ne se nourrit pas de mouches?» Germaine était si embarrassée qu'elle en perdit presque son beau teint vert.

À partir de ce jour-là, notre grenouille devint un objet de curiosité. Souvent, ses voisins faisaient de grands détours pour passer devant chez elle, afin de percer le mystère de son régime alimentaire.

Le lac Fontaine abritait aussi une sirène, qui était une vraie commère. Dès qu'il se passait quelque chose d'anormal, d'incongru ou d'inusité, elle le racontait à qui voulait l'entendre, le colportait et l'exagérait. Un soir, cette sirène aperçut Germaine, l'abdomen luisant si fort qu'il en éclairait le lac tout entier. Le lendemain matin, le village au grand complet était au courant de l'exploit de la grenouille végétarienne: sa bedaine s'illuminait la nuit! La sirène ayant l'habitude d'exagérer ses propos, les habitants du lac restèrent perplexes, ne sachant s'ils devaient croire ce qu'ils entendaient. La sirène invita alors les plus sceptiques à l'accompagner à la tombée du jour pour espionner la chose verte.

Fidèle à elle-même, Germaine fit acte de présence sur son nénuphar. Sans le savoir, elle se donna en spectacle sous les regards ébaubis des habitants du village. Conquis par l'exploit lumineux de la verte magicienne, les spectateurs oublièrent qu'ils l'avaient observée à son insu et l'applaudirent de toutes leurs

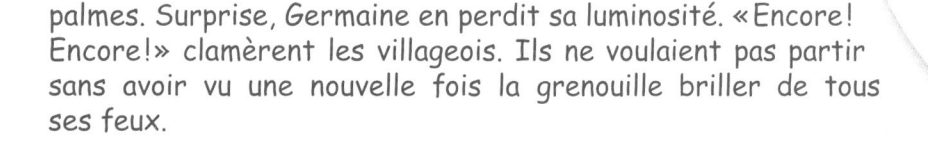

palmes. Surprise, Germaine en perdit sa luminosité. «Encore! Encore!» clamèrent les villageois. Ils ne voulaient pas partir sans avoir vu une nouvelle fois la grenouille briller de tous ses feux.

La timide Germaine d'avant serait retournée se cacher au sous-sol de son nénuphar, mais la star en elle l'emporta: elle se remit à briller comme une vraie étoile! Le succès lui monta tellement à la tête qu'elle resta là jusqu'au lendemain matin, à remercier son public qui, lui, avait dormi toute la nuit.

Les villageois, persuadés que l'illumination de l'abdomen de notre grenouille était provoquée par son alimentation, décidèrent de la nommer chef cuisinière du village. Elle accepta la fonction avec l'humilité qu'on lui connaît aujourd'hui.

Aucune autre bedaine du village ne devint fluorescente, mais les habitudes alimentaires changèrent sous la gouverne de la belle Germaine. Et l'année suivante, on ajouta une fête au calendrier des grenouilles. Les célébrations d'ouverture de la chasse à la mouche demeurèrent populaires, mais la fête de la récolte de la verveine devint l'événement le plus couru du lac Fontaine!

Voici donc les savoureuses recettes végétariennes de votre amie Germaine.

Germaine Brocoli
xx

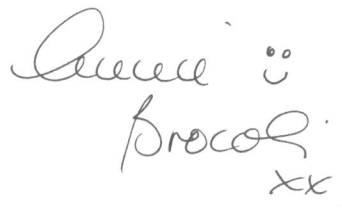

Autres germainitudes…

Couleur préférée : le vert.

Expression chouchou : «Que voulez-vous-tu?»

Saison adorée : l'été.

Aliments préférés : le tofu et la luzerne.

Germaine adore : se faire prendre en photo, les compliments.

Date de naissance : le jour vert du mois lunette de l'année nénuphar.

Boisson de prédilection : la tisane de verveine.

Philosophie de vie : être positive jusqu'au bout des palmes.

Nombre de frères et sœurs : plusieurs milliers de têtards devenus grenouilles.

Activités favorites : parler d'elle-même, voyager et assister aux soirées mondaines.

Chanson fétiche : *Germaine la grenouille végétarienne.*

Mots préférés : «star» et «extraordinaire».

Moyen de transport préféré : sa limousine rose.

LES BRUNCHS

Granolas disco infourno

ENVIRON 16 PORTIONS

- 80 ml (⅓ tasse) d'huile de tournesol
- 175 ml (¾ tasse) de sirop d'érable
- 500 ml (2 tasses) de flocons d'avoine
- 500 ml (2 tasses) de flocons d'orge
- 60 ml (¼ tasse) de graines de lin moulues
- 125 ml (½ tasse) de graines de sésame
- 250 ml (1 tasse) de graines de tournesol
- 125 ml (½ tasse) de graines de citrouille
- 125 ml (½ tasse) d'amandes en bâtonnets, ou entières et hachées
- 125 ml (½ tasse) de noix de macadamia ou du Brésil, hachées grossièrement
- 250 ml (1 tasse) de pommes séchées, coupées en morceaux
- 250 ml (1 tasse) de raisins secs

Voici comment préparer une collation
qui vous fera danser le disco!

1. Préchauffer le four à 150 °C (300 °F). Dans un petit bol, mélanger l'huile de tournesol et le sirop d'érable à l'aide d'un fouet.

2. Dans un grand bol, mélanger les flocons, les graines, les amandes et les noix. Verser les ingrédients liquides sur ces ingrédients secs et bien mélanger.

3. Couvrir deux plaques de cuisson de papier parchemin et y répartir la préparation. Utiliser des plaques suffisamment grandes pour que la préparation soit bien étalée. Mettre le tout « in fourno » et danser le disco pendant 40 à 45 minutes en brassant à 3 ou 4 reprises pour permettre une cuisson uniforme.

4. Sortir du four, ajouter les pommes et les raisins. Laisser refroidir avant de conserver dans une boîte hermétique, en métal ou en verre. Éviter les récipients en plastique, qui feraient ramollir les céréales.

Servir avec des fruits
frais et du yogourt,
puis dansez!

Œufs d'amour

2 PORTIONS

- 2 tranches de pain multigrains d'environ 1,5 cm (¾ po) d'épaisseur
- Un peu de beurre
- 2 œufs
- Un peu de ciboulette fraîche, ciselée
- Sel de mer et poivre du moulin
- 2 tranches de fromage cheddar ou mozzarella
- Tomates cerises (facultatif)
- Ciboulette (facultatif)

Pour un petit-déjeuner rempli d'amour!

1. À l'aide d'un emporte-pièce en forme de cœur ou d'un verre, faire un trou au centre des tranches de pain.

2. Dans une grande poêle antiadhésive, faire chauffer le beurre à feu moyen. Déposer les deux tranches de pain ainsi que les deux parties découpées au centre. Faire dorer environ 2 minutes, puis retourner.

3. Ajouter un peu de beurre dans les trous. Casser les œufs dans de petits bols en prenant soin de ne pas briser les jaunes, puis les verser dans les trous. Parsemer de ciboulette, saler et poivrer. Laisser cuire 2 minutes.

4. Couper les tranches de fromage à l'aide du même emporte-pièce. Déposer le fromage sur le pain, couvrir et cuire de 2 à 3 minutes ou jusqu'à ce que l'œuf soit cuit et le fromage fondu.

5. Ajouter de la fantaisie dans l'assiette avec des tomates cerises et quelques brins de ciboulette.

13

- 80 ml (⅓ tasse) de beurre, à la température ambiante
- 60 ml (¼ tasse) de sucre brut
- 3 œufs, jaunes et blancs séparés
- 1 c. à café (1 c. à thé) d'extrait de vanille
- 250 ml (1 tasse) de farine d'avoine
- 250 ml (1 tasse) de farine non blanchie
- Une pincée de sel
- 2 c. à café (2 c. à thé) de poudre à pâte
- 330 ml (1 ⅓ tasse) de lait
- 2 c. à soupe de beurre fondu
- Fruits frais (pommes, oranges, poires, fraises, ananas, etc.), au goût
- Sirop d'érable

Gaufres au tic-tac-toe

6 À 8 PORTIONS

Voici ce qu'il faut pour jouer
au tic-tac-toe dans votre assiette!

1. Dans un grand bol, battre le beurre et le
sucre. Ajouter les jaunes d'œufs et la vanille,
et bien mélanger.

2. Dans un petit bol, mélanger les farines, le sel
et la poudre à pâte. Incorporer les ingrédients secs
aux ingrédients liquides, en alternant avec le lait.

3. Battre les blancs d'œufs en neige, puis les incorporer à la préparation en pliant à l'aide d'une spatule.

4. Faire chauffer le gaufrier. À l'aide d'un
pinceau, badigeonner le gaufrier d'un peu de
beurre fondu. Cuire une gaufre à la fois jusqu'à
ce qu'il n'y ait plus de vapeur qui s'échappe
du gaufrier et jusqu'à l'obtention d'une belle
coloration dorée. Répéter les opérations jusqu'à
épuisement de la pâte.

5. Disposer des morceaux de fruits sur les
gaufres comme sur un jeu de tic-tac-toe. Servir
avec du sirop d'érable.

Bon tic-tac-toe!

Truc : **Pour faire des gaufres sans gaufrier :**
Si l'on n'a pas de gaufrier, on peut cuire cette
pâte à gaufres dans une poêle antiadhésive, à
feu moyen, avec un peu de beurre fondu. Les
gaufres peuvent se conserver plusieurs jours
au réfrigérateur ou se congeler.

15

Communauté de fruits

12 À 16 PORTIONS

Voilà une communauté de fruits savoureuse, à cause de ses différences!

- 3 pommes Golden, Gala ou Délicieuses, évidées et coupées en cubes
- 500 ml (2 tasses) de raisins verts, coupés en deux
- 500 ml (2 tasses) de raisins rouges, coupés en deux
- 500 ml (2 tasses) de fraises, coupées en deux ou plus selon la grosseur
- 500 ml (2 tasses) de melon d'eau, de cantaloup ou de melon miel, coupés en cubes
- ½ ananas, pelé et coupé en cubes
- 3 kiwis pelés, coupés en deux et tranchés
- 80 ml (⅓ tasse) de miel de trèfle
- 500 ml (2 tasses) de jus d'orange, fraîchement pressé ou du commerce
- Quelques feuilles de menthe fraîche, ciselées
- Zeste de 1 lime, râpé finement
  - Jus de 1 lime
  - 2 bananes coupées en rondelles
  - 1 melon d'eau pour la présentation (facultatif)

Voici comment former une belle communauté avec toutes sortes de fruits complètement différents.

1. Dans un grand bol, mélanger tous les fruits, sauf les bananes.

2. Dans un petit bol, verser le miel et le jus d'orange. Bien mélanger pour dissoudre le miel. Ajouter la menthe, le zeste et le jus de lime, puis mélanger. Verser sur les fruits et mélanger.

3. Si l'on sert la salade de fruits aussitôt, ajouter les bananes. Sinon, laisser macérer quelques heures au réfrigérateur et ajouter les bananes au dernier moment.

4. Pour une présentation intéressante et spectaculaire, couper légèrement la base d'un melon d'eau (pour le stabiliser), puis enlever environ le tiers (pour enlever le chapeau) et le vider. Incorporer une partie de la chair coupée en cubes à la salade. Verser la salade de fruits dans le melon d'eau et servir.

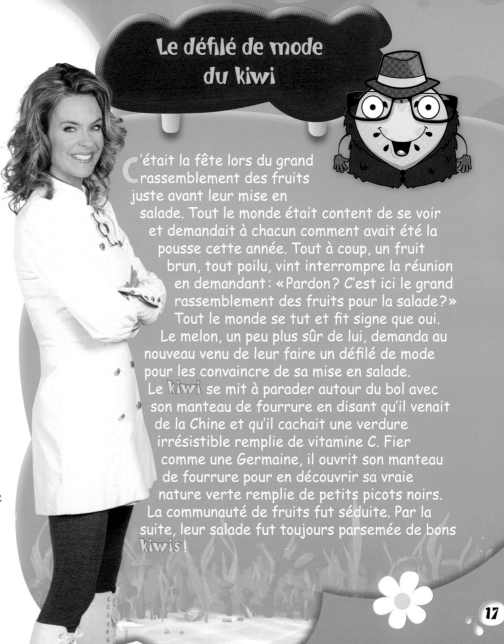

Le défilé de mode du kiwi

C'était la fête lors du grand rassemblement des fruits juste avant leur mise en salade. Tout le monde était content de se voir et demandait à chacun comment avait été la pousse cette année. Tout à coup, un fruit brun, tout poilu, vint interrompre la réunion en demandant : «Pardon? C'est ici le grand rassemblement des fruits pour la salade?» Tout le monde se tut et fit signe que oui. Le melon, un peu plus sûr de lui, demanda au nouveau venu de leur faire un défilé de mode pour les convaincre de sa mise en salade. Le **kiwi** se mit à parader autour du bol avec son manteau de fourrure en disant qu'il venait de la Chine et qu'il cachait une verdure irrésistible remplie de vitamine C. Fier comme une Germaine, il ouvrit son manteau de fourrure pour en découvrir sa vraie nature verte remplie de petits picots noirs. La communauté de fruits fut séduite. Par la suite, leur salade fut toujours parsemée de bons **kiwis**!

Idéal pour une fête ou un brunch! Bon ping-pong!

- 1 petit melon d'eau rouge ou jaune, coupé en deux
- 1 melon miel, coupé en deux et évidé
- ½ ananas, pelé et coupé en cubes
- 500 ml (2 tasses) de jus de raisin blanc muscat
- 3 c. à soupe de basilic frais, ciselé

Voici comment préparer une partie de ping-pong très rafraîchissante!

1. Avec une cuillère parisienne, faire de petites balles de ping-pong en melon d'eau et en melon miel. Conserver un demi-melon évidé, qui servira de chapeau dans lequel mettre les balles.

2. Dans un grand bol, mélanger les fruits, le jus de raisin et le basilic. Laisser macérer 1 heure et servir dans le melon évidé ou dans des coupes à martini.

Balles de ping-pong au chapeau melon

6 À 8 PORTIONS

- 4 tranches de pain de campagne à grains entiers d'environ 1,5 cm (¾ po) d'épaisseur
- 4 tranches de fromage provolone
- 8 grandes feuilles de basilic frais, émincées
- 4 petits champignons café, émincés
- Poivre du moulin
- 4 tranches de fromage mozzarina* d'environ 0,5 cm (¼ po) d'épaisseur
- 2 c. à soupe de beurre

Pour les spécialistes de la construction : un contreplaqué au fromage grillé à faire soi-même !

1. Prendre deux tranches de pain et déposer sur chacune deux tranches de provolone, qui serviront de colle. Y répartir le basilic et les champignons. Poivrer et y déposer le fromage mozzarina. Refermer les sandwichs avec les deux autres tranches de pain.

2. Beurrer l'extérieur des sandwichs de contreplaqué et faire griller dans un gril à panini jusqu'à ce que le fromage soit bien fondu et le pain bien doré.

3. Servir le contreplaqué accompagné d'une salade.

* La mozzarina est un produit québécois semblable à la mozzarella di buffala, mais de plus petit format.

Contreplaqué au fromage grillé
2 PORTIONS

Note : Il est possible d'utiliser une poêle à la place du four à panini. Chauffer la poêle à feu moyen et y déposer le sandwich préalablement beurré. Placer une assiette sur le sandwich et ajouter un poids telle une boîte de conserve ou une brique recouverte de papier d'aluminium. Tourner à mi-cuisson.

Voilà le meilleur des matériaux, pour les meilleurs menuisiers.

Maisons aux dattes

12 MUFFINS

- 375 ml (1 ½ tasse) de dattes dénoyautées, coupées en dés
- 125 ml (½ tasse) de jus de pomme brut
- ½ c. à café (½ c. à thé) de cannelle moulue
- 3 œufs
- 60 ml (¼ tasse) de sucre brut
- 80 ml (⅓ tasse) de babeurre
- 125 ml (½ tasse) d'huile de maïs
- 250 ml (1 tasse) de farine de maïs
- 250 ml (1 tasse) de farine non blanchie
- 80 ml (⅓ tasse) de son de blé
- 1 c. à café (1 c. à thé) de bicarbonate de soude
- 2 c. à café (2 c. à thé) de poudre à pâte
- ¼ c. à café (¼ c. à thé) de sel
- 125 ml (½ tasse) de noix de Grenoble, hachées
  - Quelques dattes pour la décoration

Bonne construction !

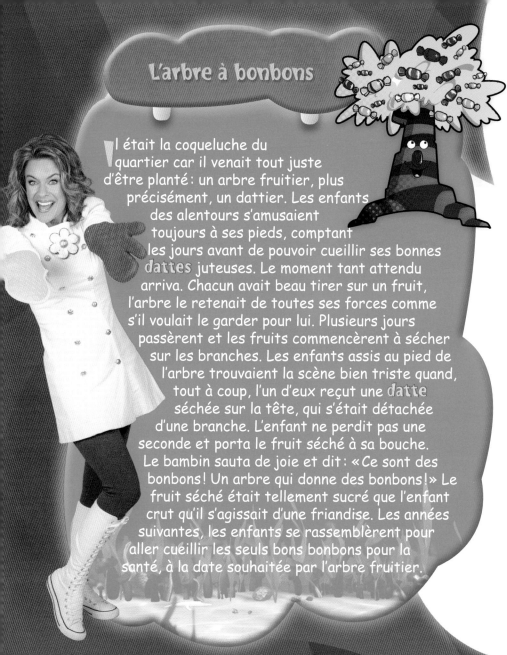

L'arbre à bonbons

Il était la coqueluche du quartier car il venait tout juste d'être planté: un arbre fruitier, plus précisément, un dattier. Les enfants des alentours s'amusaient toujours à ses pieds, comptant les jours avant de pouvoir cueillir ses bonnes dattes juteuses. Le moment tant attendu arriva. Chacun avait beau tirer sur un fruit, l'arbre le retenait de toutes ses forces comme s'il voulait le garder pour lui. Plusieurs jours passèrent et les fruits commencèrent à sécher sur les branches. Les enfants assis au pied de l'arbre trouvaient la scène bien triste quand, tout à coup, l'un d'eux reçut une datte séchée sur la tête, qui s'était détachée d'une branche. L'enfant ne perdit pas une seconde et porta le fruit séché à sa bouche. Le bambin sauta de joie et dit: «Ce sont des bonbons! Un arbre qui donne des bonbons!» Le fruit séché était tellement sucré que l'enfant crut qu'il s'agissait d'une friandise. Les années suivantes, les enfants se rassemblèrent pour aller cueillir les seuls bons bonbons pour la santé, à la date souhaitée par l'arbre fruitier.

Voici comment construire vos propres maisons aux dattes.

1. Dans une petite casserole, mélanger les dattes, le jus de pomme et la cannelle. Porter à ébullition et cuire à feu moyen de 7 à 8 minutes ou jusqu'à ce que le jus soit absorbé et que les dattes soient légèrement compotées. Transférer dans un bol et laisser tiédir.

2. Préchauffer le four à 190 °C (375 °F). Dans un bol, fouetter les œufs et le sucre. Ajouter le babeurre et l'huile de maïs, puis mélanger jusqu'à consistance homogène.

3. Dans un grand bol, mélanger les farines, le son de blé, le bicarbonate, la poudre à pâte, le sel et les noix. Incorporer les ingrédients liquides aux ingrédients secs. Ajouter les dattes et bien mélanger.

4. Répartir la préparation dans les moules à muffins recouverts de moules en papier ou préalablement beurrés et farinés. Cuire au centre du four de 18 à 20 minutes ou jusqu'à cuisson complète.

5. À l'aide d'un petit couteau, creuser le centre de chacun des muffins et y déposer un morceau de datte pour former la cheminée des maisons.

Le clown Rosti

4 PORTIONS

- 2 pommes de terre moyennes Yukon Gold, pelées et râpées
- 1 carotte, pelée et râpée
- 1 panais, pelé et râpé
- 60 ml (¼ tasse) de farine
- 1 œuf
- 3 c. à soupe de persil plat, haché
- 80 ml (⅓ tasse) de fromage gruyère ou cheddar, râpé
- Sel de mer et poivre du moulin
- Un peu d'huile d'olive
- Pour le visage du clown: cantaloup, poivron rouge, raisins, concombre, persil

Impossible de résister au clown Rosti!

Voici comment commencer votre journée avec le plus grand des sourires.

1. Dans un bol, mélanger les pommes de terre, la carotte, le panais, la farine, l'œuf, le persil et le fromage. Saler et poivrer généreusement.

2. Dans une grande poêle, faire chauffer l'huile d'olive à feu moyen-élevé et déposer la moitié de la préparation en deux parts, en prenant soin de former des croissants de lune. Baisser à feu moyen et cuire de 7 à 8 minutes. Tourner et poursuivre la cuisson de 7 à 8 minutes. Déposer sur un papier absorbant pour enlever le surplus d'huile. Servir aussitôt ou réserver au four à 100 °C (200 °F) jusqu'au moment de servir. Cuire le reste de la préparation de la même façon.

3. Pour la présentation, déposer le rosti comme chevelure du clown, une tranche de cantaloup pour le sourire, du poivron rouge coupé en rondelle pour le nez, des raisins pour les yeux, des morceaux de concombre pour les sourcils et du persil pour décorer les cheveux.

Note: La chevelure du clown Rosti peut se préparer 2 jours à l'avance et se réchauffer au four à 190 °C (375 °F) de 7 à 8 minutes.

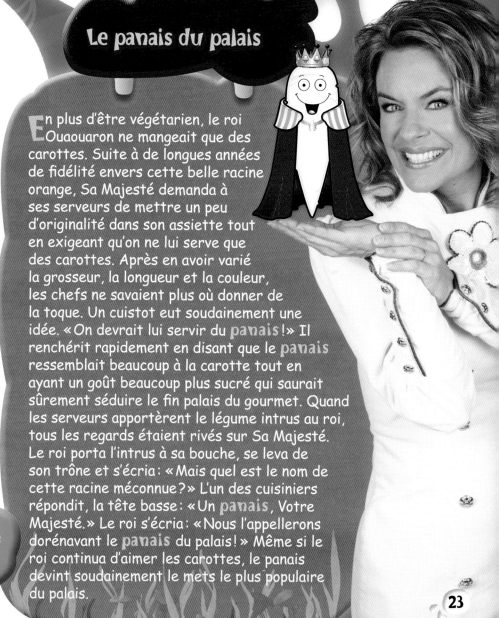

Le panais du palais

En plus d'être végétarien, le roi Ouaouaron ne mangeait que des carottes. Suite à de longues années de fidélité envers cette belle racine orange, Sa Majesté demanda à ses serveurs de mettre un peu d'originalité dans son assiette tout en exigeant qu'on ne lui serve que des carottes. Après en avoir varié la grosseur, la longueur et la couleur, les chefs ne savaient plus où donner de la toque. Un cuistot eut soudainement une idée. «On devrait lui servir du panais!» Il renchérit rapidement en disant que le panais ressemblait beaucoup à la carotte tout en ayant un goût beaucoup plus sucré qui saurait sûrement séduire le fin palais du gourmet. Quand les serveurs apportèrent le légume intrus au roi, tous les regards étaient rivés sur Sa Majesté. Le roi porta l'intrus à sa bouche, se leva de son trône et s'écria: «Mais quel est le nom de cette racine méconnue?» L'un des cuisiniers répondit, la tête basse: «Un panais, Votre Majesté.» Le roi s'écria: «Nous l'appellerons dorénavant le panais du palais!» Même si le roi continua d'aimer les carottes, le panais devint soudainement le mets le plus populaire du palais.

Papillon au fromage

4 PAPILLONS

- 2 bagels
- Un peu de beurre
- 4 petites tomates italiennes ou 8 tomates cerises tranchées
- Sel de mer et poivre du moulin
- 45 g (1 ½ oz) de cheddar blanc tranché
- 45 g (1 ½ oz) de cheddar orange tranché
- 4 olives vertes ou noires, ou 4 raisins
- 8 tiges de ciboulette ou le vert d'un oignon vert coupé en longue julienne

Voici comment préparer un papillon dans votre assiette.

1. Couper les bagels en deux sur le sens de l'épaisseur. Faire rôtir au grille-pain. Badigeonner de beurre, puis couper encore en deux pour faire des ailes de papillon. Déposer sur une plaque de cuisson.

2. Déposer les tranches de tomates sur les bagels, saler et poivrer. Couper le fromage en petits triangles et les répartir sur les tomates en prenant soin d'alterner les couleurs pour faire un joli motif sur les ailes.

3. Cuire quelques minutes sous le gril jusqu'à ce que le fromage soit fondu et légèrement doré.

4. Déposer deux morceaux de bagel dos à dos dans l'assiette, puis garnir d'une olive pour la tête et de 2 tiges de ciboulette ou d'oignon vert pour faire les antennes. Servir aussitôt.

Bonne envolée!

- Un peu de beurre
- 3 champignons coupés en dés
- 2 œufs battus
- 1 c. à soupe de basilic ou de persil italien frais, ciselé
- Sel de mer et poivre du moulin
- 2 muffins anglais coupés en deux et rôtis

Il n'y a rien comme se réveiller avec un soleil dans son assiette!

1. Dans une petite poêle antiadhésive, faire fondre une partie du beurre à feu moyen et faire revenir les champignons de 2 à 3 minutes. Ajouter les œufs battus et le basilic. Saler et poivrer. Brasser constamment pendant environ 2 minutes ou jusqu'à la cuisson désirée.

2. Tartiner les muffins anglais du reste du beurre, y répartir les œufs brouillés et refermer le sandwich.

Suggestions: Décorer de tranches de raisins pour faire les yeux de Galarneau, d'un bout de poivron pour le nez et d'une demi-tranche de tomate pour le sourire. Déposer le muffin dans l'assiette, puis garnir tout autour de triangles de fromage pour faire les rayons de soleil. Servir aussitôt.

Bon Galarneau!

Galarneau du matin
2 PORTIONS

- 6 œufs
- Sel de mer
- 3 c. à soupe de mayonnaise
- Curcuma, au goût
- Une pincée de paprika
- Pour décorer: oignon vert et radis en tranches

Voici comment préparer des voiliers en coco!

1. Déposer les œufs entiers dans une casserole, couvrir d'eau froide, saler, puis porter à ébullition à couvert. Dès que l'ébullition apparaît, baisser le feu à moyen-doux et cuire 10 minutes. Retirer les œufs, puis les passer sous l'eau froide afin de pouvoir les écaler.

2. Couper les œufs écalés en deux, puis enlever les jaunes à l'aide d'une petite cuillère. Dans un bol, mélanger les jaunes avec la mayonnaise, le curcuma, le paprika et le sel de mer. Farcir les blancs d'œufs avec la préparation de jaunes d'œufs.

3. Pour former le voilier, utiliser un bout d'oignon vert pour le mât et une tranche de radis pour la voile.

Voiliers en coco
6 PORTIONS

En espérant qu'il y aura du vent pour votre promenade en voiliers, mes Cocos!

27

Fleur du matin pochée

4 PORTIONS

Vous pourrez ensuite faire le jeu «il m'aime, il ne m'aime pas» en comptant les pétales.

- 250 ml (1 tasse) de ricotta
- 2 c. à soupe de ciboulette fraîche, ciselée
- 2 c. à soupe de basilic frais, ciselé
- 60 ml (¼ tasse) de parmesan frais, râpé finement
- Sel de mer et poivre du moulin
- 1 botte de petites asperges, parties coriaces retirées
- Un filet d'huile d'olive
- Un filet de vinaigre de cidre ou de vinaigre blanc
- 4 gros œufs
- 4 tranches de pain rôties

Voici ce qu'il faut faire pour fleurir votre assiette ce matin!

1. Pendant 45 minutes, égoutter la ricotta dans une étamine («coton à fromage») ou dans une fine passoire chemisée d'un papier absorbant. Dans un petit bol, mélanger la ricotta égouttée, la ciboulette, le basilic et le parmesan. Saler et poivrer. Réserver.

Le spectacle de la petite fusée verte

Chaque printemps, les légumes du jardin de Germaine organisaient une compétition pour déterminer lequel d'entre eux allait être le premier à pousser. Mais comme les gagnants, année après année, étaient toujours les mêmes, le concours se transforma rapidement en spectacle appelé «La petite fusée verte». Chaque printemps, le spectacle tant attendu avait lieu. Aussitôt qu'une petite fougère se mettait à jouer du violon, les habitants du potager savaient que la vedette du jardin allait se pointer. La tête de l'asperge sortait de terre, propulsée par ses racines en réacteur, et se mettait à pousser tout droit vers le ciel comme une petite fusée verte. Fière d'être la première à faire son arrivée et de ses bonnes vertus pour la santé, elle adorait se faire applaudir par ses voisins de terre. Le spectacle de la fusée verte est désormais en représentation dans un jardin près de chez vous chaque printemps!

2. Préchauffer le four à 180 °C (350 °F). Laver les asperges et couper l'extrémité des tiges; les extrémités formeront les feuilles de la fleur. Couper quelques asperges en deux; elles formeront le gazon. Sur une grande plaque de cuisson, verser un filet d'huile d'olive et y déposer les asperges. Cuire de 7 à 8 minutes ou jusqu'à ce qu'elles soient al dente.

3. Pendant ce temps, dans une casserole moyenne, porter de l'eau à ébullition. Ajouter un filet de vinaigre et baisser le feu à moyen-doux. Casser chaque œuf dans un petit bol, puis verser un à un dans la casserole. Cuire 4 minutes. Déposer les œufs sur du papier absorbant. Saler et poivrer. Réserver.

4. Répartir la ricotta aux herbes sur le pain rôti. Passer sous le gril de 5 à 6 minutes ou jusqu'à ce que ce soit légèrement doré. Couper les tranches de pain en 6 parties chacune.

5. Déposer un œuf au centre de chaque assiette. Ajouter une tige d'asperge, puis décorer de pointes en guise de feuilles et de demi-tiges pour le gazon. Disposer le pain tels des pétales. Servir aussitôt.

L'autobus touristique

10 à 12 portions

- 1 pain carré brun d'environ 680 g (24 oz), tranché sur la longueur, croûtes enlevées
- Environ 3 c. à soupe de beurre
- 225 g (8 oz) de végépâté aux tomates séchées
- 2 c. à soupe de moutarde de Dijon, de Meaux ou douce
- 225 g (8 oz) de fromage cheddar orange tranché
- 500 g (1 lb) de fromage à la crème
- 3 c. à soupe de ketchup ou de concentré de tomates en tube
- 1 c. à soupe de crème 15 %
- Sel de mer et poivre du moulin
- Suggestions pour décorer : mini-craquelins ronds, ciboulette, bâtonnets au fromage, céréales de type mini-Shreddies, olives farcies, céleri, oignons verts, radis, raisins, tomates cerises, concombres, poivrons de couleurs différentes, etc.

Laissez aller votre imagination et votre créativité, et tous les touristes voudront faire un tour à bord de votre bel autobus!

Pour fabriquer votre autobus touristique…

1. … vous aurez besoin de 7 tranches de pain! Badigeonner un peu de beurre sur 6 tranches de pain, d'un côté seulement. Alterner les étages de pain en garnissant le premier étage de végépâté et de moutarde, le deuxième étage de fromage cheddar, puis le troisième étage de farce aux œufs. Répéter ces opérations dans le même ordre pour faire six étages.

2. Dans un bol, mélanger le fromage à la crème, le ketchup et la crème. Saler et poivrer. Badigeonner le pain de cette tartinade.

3. Garnir à votre goût avec les aliments pour décorer: mini-craquelins ronds pour les roues, bâtonnets au fromage pour les pare-chocs, céréales de type mini-Shreddies pour le radiateur, olives farcies coupées en deux pour les phares, julienne de poivrons ou ciboulette pour les fenêtres, etc.

Farce aux œufs

- 6 œufs
- 60 ml (¼ tasse) de mayonnaise
- 1 oignon vert, haché finement
- 1 branche de céleri, hachée finement
- Sel de mer et poivre du moulin

Déposer les œufs entiers dans une casserole, couvrir d'eau froide, saler, puis porter à ébullition à couvert. Dès que l'ébullition apparaît, baisser le feu à moyen-doux et cuire 10 minutes. Retirer les œufs, puis les passer sous l'eau froide afin de pouvoir les écaler. Couper les œufs écalés en quartiers. Dans un bol, écraser les œufs à la fourchette. Ajouter les autres ingrédients et bien mélanger. Réserver au réfrigérateur.

Note: Cette farce aux œufs sera excellente en sandwich pour les lunchs. Elle est suffisante pour 6 sandwichs, que l'on peut garnir d'une laitue de son choix.

31

Bon entraînement!

Ingrédients des bouchées

- 250 g (8 oz) de fromage à la crème, à la température ambiante
- 3 c. à soupe de beurre, à la température ambiante
- 250 ml (1 tasse) de fromage cheddar moyen ou fort, râpé finement
- 125 ml (½ tasse) d'amandes en poudre
- 1 petite gousse d'ail, hachée finement
- ¼ c. à café (¼ c. à thé) de sel
- Poivre du moulin

Suggestions de garniture

- Ciboulette ciselée
- Abricots séchés, hachés finement
- Canneberges séchées, hachées finement
- Raisins secs dorés, hachés finement
- Pistaches, hachées finement
- Noisettes rôties, hachées finement
- Graines de sésame noires

Haltères au fromage

ENVIRON 32 BOUCHÉES

Voici ce qu'il faut faire pour devenir un haltérophile professionnel!

1. **Préparation des haltères** : Dans un bol, mélanger tous les ingrédients des bouchées. Réfrigérer pendant au moins 2 heures ou jusqu'au lendemain. Façonner en petites boules d'environ 2 cm (1 po) de diamètre.

2. **Garniture** : Rouler les haltères de fromage dans les ingrédients de votre choix. Réfrigérer jusqu'au moment de servir.

3. **Assemblage** : Utiliser des brochettes de bois pour assembler les haltères.

4. Servir avec des craquelins ou des croûtons de pain baguette.

Variante : Remplacer la moitié du fromage à la crème par un fromage bleu ou un fromage de chèvre.

Famille de roulés échevelés

8 PORTIONS

- 4 tortillas de 25 cm (10 po)
- 250 g (8 oz) de tartinade de tofu
- 4 petites carottes, pelées et coupées en julienne
- 2 concombres libanais, coupés en julienne
- Pousses de pois mange-tout ou de tournesol ou de luzerne
- Suggestions pour décorer : demi-tranches de radis frais, olives farcies, morceaux de céleri ou de tomates, courts bâtonnets de carottes ou de poivrons rouges, etc.

La famille de roulés échevelés vous fera sûrement rigoler. Et surtout, n'ayez pas peur de les décoiffer!

Voici comment dépeigner une famille de roulés.

1. Badigeonner complètement les tortillas d'une mince couche de tartinade de tofu en laissant environ 1 cm (½ po) tout autour. Disposer les juliennes de carottes et de concombre ainsi que les pousses de façon qu'ils ressortent des tortillas à chaque extrémité. Rouler, puis couper les tortillas en deux. Piquer chaque partie d'un cure-dents pour la maintenir enroulée.

2. Placer les personnages debout sur le côté coupé, de sorte que la garniture qui en ressort devienne la chevelure. Décorer de tranches d'olives farcies pour les yeux, d'un morceau de tomate pour la bouche, d'un morceau de poivron jaune pour la boucle. Faire tenir les aliments pour décorer à l'aide d'un peu de tartinade de tofu.

Variante: On peut remplacer la tartinade de tofu par la même quantité de fromage à la crème à laquelle on a ajouté 2 c. à soupe de pesto au basilic.

Note: Cette famille est idéalement accompagnée d'un verre de lait.

La luzerne qui se prenait pour une Germaine!

Tout le monde savait que Germaine adorait le tofu et la luzerne tellement la star s'en était vantée, mais personne ne savait encore à quel point la luzerne s'en glorifiait, jusqu'au jour où elle convia ses voisins de frigo à une conférence plutôt surprenante! Disons que notre chère luzerne en avait long à germer! Elle commença en disant qu'il était temps de dévoiler le nom de la grande responsable du succès de Germaine. Puis elle s'écria: «Tout est grâce à moi!» Disons que madame la luzerne ne se prenait pas seulement pour une graine germée! «Oui, c'est moi qui suis responsable de son énergie! C'est grâce à mes protéines, à ma grande source de calcium et à mes vitamines qu'elle est si sautée!» On aurait cru entendre une grenouille parler! «Et je dirais même qu'elle doit sa couleur à ma verte chlorophylle! C'est incroyable!» renchérit-elle en se secouant le casseau jusqu'à s'en dépeigner la chevelure! Même si la luzerne n'avait pas complètement tort, les aliments du frigo en vinrent à la conclusion que, si Germaine se prenait pour la plus grande des stars, la luzerne se prenait un peu pour une Germaine!

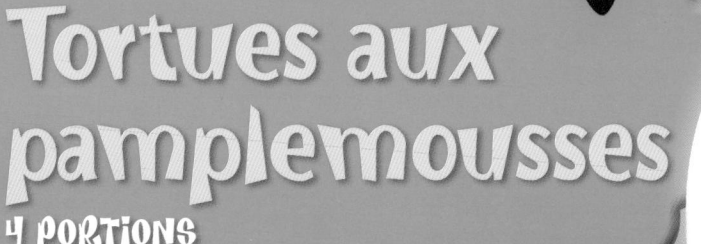

Tortues aux pamplemousses

4 PORTIONS

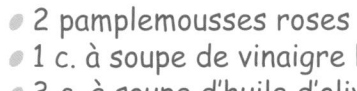

- 2 pamplemousses roses
- 1 c. à soupe de vinaigre balsamique blanc
- 3 c. à soupe d'huile d'olive
- 1 petite échalote française, hachée finement
- Graines prélevées de ½ gousse de vanille fraîche
- Sel de mer et poivre du moulin
- 2 avocats
- Laitue
- Un filet d'huile d'olive
- Fleur de sel (facultatif)

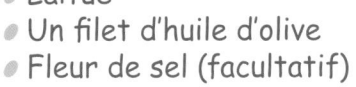

Voici comment faire des tortues aux pamplemousses roses en un temps trois mouvements, même si l'on cuisine à leur vitesse.

1. Enlever l'écorce des pamplemousses, puis la membrane de chaque morceau afin de ne garder que la chair pour former les suprêmes. Presser les membranes au-dessus d'un bol pour en extraire le jus. Ajouter le vinaigre, l'huile, l'échalote hachée et les graines de vanille. Saler et poivrer. Laisser macérer 1 heure.

2. Évider 2 avocats pour faire les carapaces des tortues. Couper la chair d'avocat et les suprêmes de pamplemousse en dés, puis les déposer dans les carapaces de tortue. Retourner les carapaces farcies dans l'assiette. Ajouter des grains de poivre pour les yeux et des écorces de pamplemousse pour les pattes. Mettre des feuilles de laitue pour la tortue. Servir avec la vinaigrette.

Une recette à savourer tranquillement. Bon appétit!

Forêt de champignons en muffins

12 muffins

Bonne excursion en forêt!

- 80 ml (⅓ tasse) d'huile de tournesol
- 160 ml (⅔ tasse) de cassonade ou de sucre brut
- 1 ½ c. à café (1 ½ c. à thé) de graines de coriandre, torréfiées et écrasées au mortier
- 2 œufs à la température ambiante
- 125 ml (½ tasse) de yogourt nature
- 500 ml (2 tasses) de panais, pelé et râpé
- 125 ml (½ tasse) de farine d'avoine
- 300 ml (1 ¼ tasse) de farine non blanchie
- ½ c. à café (½ c. à thé) de bicarbonate de soude
- 2 c. à café (2 c. à thé) de poudre à pâte
- ¼ c. à café (¼ c. à thé) de sel
- 125 ml (½ tasse) d'amandes émincées rôties
- Amandes émincées en garniture

Voici comment préparer
une forêt de champignons!

1. Préchauffer le four à 190 °C (375 °F).
Dans un bol, à l'aide du batteur électrique,
mélanger l'huile de tournesol, la cassonade
ou le sucre brut et la coriandre. Incorporer
les œufs un à un, en mélangeant après chaque
addition. Ajouter le yogourt et le panais, et
bien mélanger le tout à l'aide d'une cuillère
de bois.

2. Dans un grand bol, mélanger les farines,
le bicarbonate, la poudre à pâte, le sel et
les amandes. Incorporer les ingrédients secs
aux ingrédients liquides, sans trop brasser.

3. Répartir la préparation dans les moules
à muffins chemisés de moules en papier.
Cuire au centre du four de 20 à 22 minutes
ou jusqu'à ce que les muffins soient cuits.

4. Au moment de servir, déposer un
peu de yogourt sur le dessus des muffins
et saupoudrer d'amandes émincées.

Note: Pour torréfier les graines de
coriandre, les verser dans une poêle
et chauffer à feu moyen jusqu'à ce que
leur arôme s'en dégage. Les laisser
refroidir avant de les écraser.

Barboteuse de légumineuses

4 À 6 PORTIONS

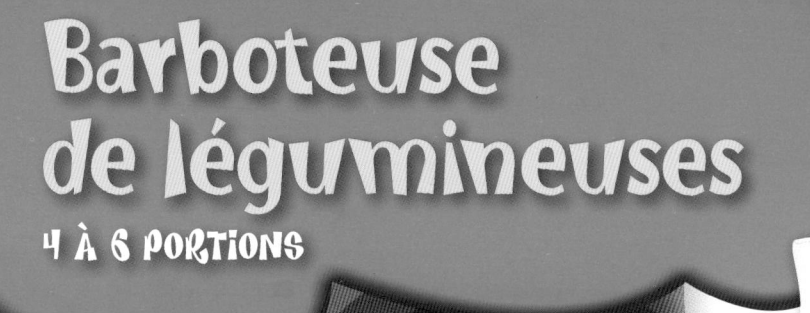

Vinaigrette

- 2 gousses d'ail, hachées finement
- 2 c. à café (2 c. à thé) d'origan séché
- 1 c. à café (1 c. à thé) de moutarde de Dijon
- 2 c. à soupe de vinaigre de vin
- 125 ml (½ tasse) d'huile d'olive

Salade

- 1 litre (4 tasses) de légumineuses, cuites et égouttées, ou 2 boîtes de 540 ml (19 oz) de légumineuses en conserve, rincées et égouttées
- 1 poivron rouge coupé en petits dés
- 1 poivron vert coupé en petits dés
- 250 ml (1 tasse) de chou-fleur en petits bouquets
- 250 ml (1 tasse) de courgette coupée en petits dés
- 24 olives dénoyautées et émincées
- 2 oignons verts ciselés
- Sel de mer et poivre du moulin

Voici comment baigner vos légumineuses dans une barboteuse.

1. Dans un grand saladier, qui servira de barboteuse pour faire nager les légumineuses, bien mélanger tous les ingrédients de la vinaigrette.

2. Ajouter tous les ingrédients de la salade et mélanger. Saler et poivrer.

Pour un lunch complet :
Ajouter un yogourt à boire, fait de 80 ml (⅓ tasse) de yogourt aux fruits mélangé à 160 ml (⅔ tasse) de lait, quelques craquelins de blé et une salade de fruits.

Bonne baignade !

43

Potage d'Annie Brocoli

4 À 6 PORTIONS

- 1,5 litre (6 tasses) de brocoli, tiges et bouquets
- Une noix de beurre
- 1 petit oignon émincé
- 3 pommes de terre moyennes, pelées et émincées
- 1,25 litre (5 tasses) de bouillon de légumes ou d'eau
- Une pincée de muscade
- Sel de mer et poivre du moulin
- 250 ml (1 tasse) de lait ou de crème 15 %
- 175 ml (¾ tasse) de cheddar, coupé en dés

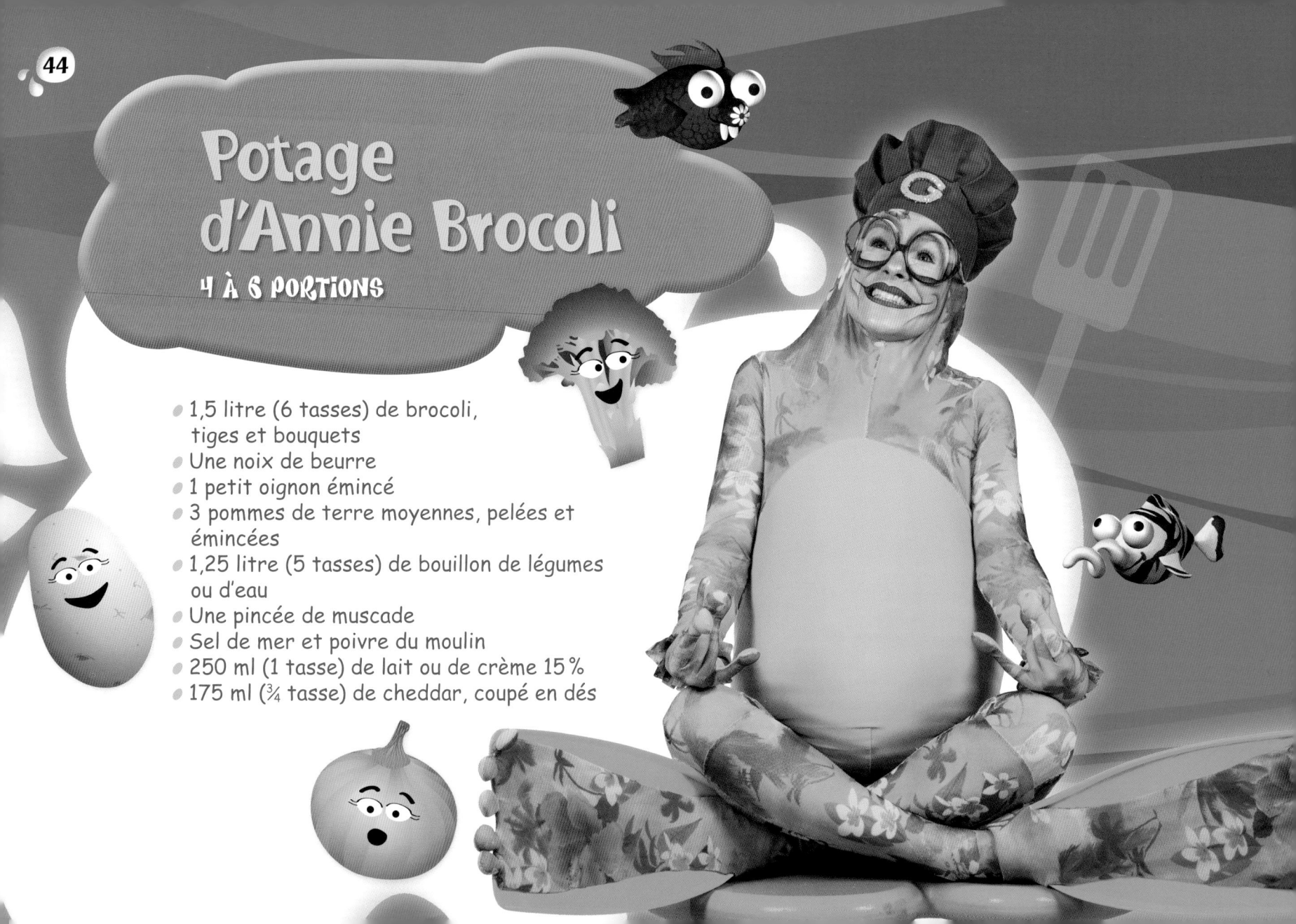

Voici ce qu'il faut mettre dans une soupe pour faire plaisir à quelqu'un qui s'appelle Brocoli!

1. Réserver 375 ml (1 ½ tasse) de petits bouquets de brocoli pour la garniture du potage.

2. Dans une grande casserole, faire fondre le beurre à feu moyen. Faire revenir les oignons quelques minutes et ajouter le reste du brocoli. Poursuivre la cuisson quelques minutes et ajouter les pommes de terre, le bouillon ou l'eau et la muscade. Saler et poivrer. Laisser mijoter à feu doux et à demi-couvert, environ 20 minutes ou jusqu'à tendreté.

3. Réduire en purée lisse au mélangeur électrique ou à l'aide d'un pied-mélangeur. Remettre dans la casserole, ajouter les bouquets de brocoli et poursuivre la cuisson 5 minutes. Incorporer le lait ou la crème, vérifier l'assaisonnement et réchauffer sans faire bouillir.

4. Verser dans des bols et garnir de cheddar. Servir immédiatement.

Pour la boîte à lunch: Verser le potage chaud dans un thermos. Conserver les dés de cheddar dans un récipient à part et les mettre dans le potage au moment de servir, si désiré.

Pour un lunch complet: Ajouter un jus de fruits, du pain multigrains, des crudités et des fruits.

Bonne soupe, chers petits Brocoli!

Édifice de sandwich au tofu

4 À 6 PORTIONS

Tartinade de tofu

- 225 g (8 oz) de tofu ferme, défait grossièrement
- 1 petite carotte émincée
- ½ oignon émincé
- ½ c. à café (½ c. à thé) de curcuma en poudre
- 1 c. à café (1 c. à thé) de moutarde de Dijon
- 1 c. à café (1 c. à thé) de miel
- 2 c. à soupe de persil plat haché ou 1 c. à café (1 c. à thé) d'herbes de Provence séchées
- 1 c. à soupe de jus de citron
- 2 c. à soupe de mayonnaise
- Sel de mer et poivre du moulin

Sandwichs

- Tartinade de tofu maison (voir ci-contre) ou du commerce
- 12 tranches de pain multigrains ou de blé entier
- 2 poivrons rouges rôtis (en pot), égouttés et émincés
- Luzerne, au goût
- 1 petit concombre, pelé et émincé
- Condiments, au goût : moutarde, mayonnaise

Pour la tartinade de tofu : Mettre le tofu, la carotte et l'oignon dans le récipient du robot culinaire et mixer 1 minute. Ajouter le reste des ingrédients. Saler, poivrer et mixer jusqu'à l'obtention d'une texture homogène. Réfrigérer.

Pour les édifices en sandwichs : Pour construire un édifice, étaler la tartinade de tofu sur 1 tranche de pain et y déposer des lanières de poivrons ainsi que de la luzerne. Recouvrir avec une 2e tranche de pain, étaler de la tartinade et déposer des concombres émincés ainsi que de la luzerne. Badigeonner de la moutarde sur une 3e tranche de pain et la déposer sur le dessus afin de former un club sandwich. Couper en pointes et maintenir les étages de l'édifice ensemble à l'aide de cure-dents. Répéter les opérations avec le pain restant pour construire plusieurs édifices.

Pour un lunch complet : Ajouter un jus de légumes, un mélange de graines et de fruits séchés (sans noix ni arachides pour l'école), un yogourt et un fruit.

Bonne construction!

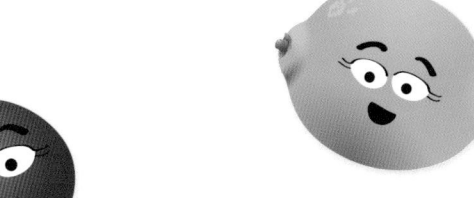

- 375 ml (1 ½ tasse) de riz brun long
- 750 ml (3 tasses) d'eau
- 750 ml (3 tasses) de petits pois surgelés
- 1 contenant de 200 g (7 oz) de fromage feta
- 12 radis émincés
- 60 ml (¼ tasse) de menthe ciselée
- 60 ml (¼ tasse) d'huile d'olive
- Jus d'une lime
- Sel de mer et poivre du moulin

Salade de pois qui rient

4 À 6 PORTIONS

Voici ce qu'il faut faire pour faire rire vos pois!

1. Dans une casserole moyenne, mettre le riz, l'eau et une pincée de sel. Porter à ébullition, couvrir et cuire à feu doux pendant 20 minutes (ou suivre les indications sur l'emballage). Lorsque le riz est cuit, retirer du feu et laisser reposer 5 minutes. Enlever le couvercle, ajouter les petits pois surgelés qui se mettront à rire en rencontrant le riz! Mélanger et laisser refroidir complètement.

2. Verser le riz dans un saladier. Égoutter et couper le feta en cubes, puis l'ajouter au riz ainsi que le reste des ingrédients. Mélanger délicatement et servir.

Pour un lunch complet: Ajouter un jus de fruits, des carottes en crudités, un yogourt et des fruits séchés.

Truc: Des restants de riz? Il est possible d'utiliser du riz déjà cuit, soit environ 825 ml (3 ½ tasses). Dans ce cas, blanchir les petits pois quelques minutes avant de les ajouter à la salade. Si désiré, préparer cette salade à l'avance, en prenant soin d'ajouter le jus de lime au dernier moment.

Bonne rigolade!

Végépâté du docteur Germaine

ENVIRON 16 PORTIONS

- 375 ml (1 ½ tasse) de graines de tournesol
- 125 ml (½ tasse) de farine de blé entier, d'épeautre ou de seigle
- 125 ml (½ tasse) de levure alimentaire Red Star ou de semoule de maïs
- 60 ml (¼ tasse) de chapelure
- 2 c. à soupe de graines de lin moulues
- 1 c. à café (1 c. à thé) d'origan séché
- 1 gros oignon haché finement
- 175 ml (¾ tasse) de carotte râpée finement
- 1 gousse d'ail hachée finement
- 18 unités de tomates séchées dans l'huile, égouttées et coupées en petits dés
- 80 ml (⅓ tasse) de persil italien haché ou de coriandre fraîche, hachée
- 3 c. à soupe de sauce soya
- 80 ml (⅓ tasse) d'huile d'olive
- 250 ml (1 tasse) de bouillon de légumes tiède

Voici la prescription du docteur Germaine.

1. Préchauffer le four à 160 °C (325 °F). Dans le récipient du robot culinaire, déposer les graines de tournesol et mixer jusqu'à ce que ce soit moulu assez fin. Ajouter les ingrédients secs et mixer de nouveau pour bien mélanger le tout. Verser dans un grand bol. Ajouter le reste des ingrédients et bien mélanger.

2. Verser dans un moule carré de 23 cm (9 po) préalablement huilé. Cuire au four de 45 à 50 minutes ou jusqu'à ce que le pâté soit doré. Laisser refroidir complètement sur une grille avant de couper. Conserver au réfrigérateur.

Suggestions pour les sandwichs:
Pain ciabatta multigrains, tranches de concombre ou de courgettes, mayonnaise, laitue ou pousses.

Pour la boîte à lunch:
Ajouter un jus de légumes, du céleri, des cubes de fromage et des raisins frais.

> Dégustez ce végépâté rempli de vitamines, approuvé par le docteur Germaine!

Note: Le végépâté se congèle très bien.

Bagel du Far West

4 À 6 PORTIONS

- 225 g (8 oz) de fromage à la crème
- 2 c. à soupe de jus de citron
- 1 c. à café (1 c. à thé) de zeste de citron, râpé finement
- 8 tomates séchées dans l'huile, égouttées et hachées
- 1 gousse d'ail, hachée finement
- Ciboulette et basilic ciselés, au goût
- 4 à 6 bagels
- 60 ml (¼ tasse) de tapenade d'olives
- Quelques feuilles de laitue
- Poivre du moulin

Voici comment transformer un bagel en serpent, pour un voyage dans le Far West.

1. Dans un bol, mélanger le fromage à la crème, le jus et le zeste de citron. Ajouter les tomates séchées, l'ail, les herbes et assaisonner au goût. Il ne sera peut-être pas nécessaire d'ajouter du sel, car les tomates séchées et la tapenade sont suffisamment salées.

2. Couper les bagels en deux, puis les faire rôtir, si désiré. Étendre la préparation de fromage à la crème sur les demi-bagels, puis mettre un peu de tapenade ainsi que la laitue, et refermer avec les secondes moitiés de bagels.

3. Couper chaque bagel garni en deux. Placer le demi-bagel à la verticale pour former le corps du serpent. Couper en deux la moitié restante et placer un côté pour la tête et l'autre pour la queue du serpent. Déposer des tranches d'olive pour les yeux et un bout de poivron rouge pour la langue. Voici le plus gentil des serpents!

Pour un lunch complet : Ajouter des crudités avec une trempette, des biscuits et une salade de fruits.

Bon voyage au pays des cow-boys!

Château de sable en quinoa

4 à 6 portions

- 250 ml (1 tasse) de quinoa rouge ou blanc
- 425 ml (1 ¾ tasse) de bouillon de légumes
- 2 c. à soupe de ciboulette ciselée
- 2 c. à soupe de persil italien haché
- 125 ml (½ tasse) de parmesan râpé
- 80 ml (⅓ tasse) de noix de pin, rôties
- 4 tomates italiennes rouges et/ou jaunes, évidées et coupées en dés
- Jus d'un demi-citron
- 60 ml (¼ tasse) d'huile d'olive
- Sel de mer et poivre du moulin

Bonne construction!

Voici comment faire le plus beau château de sable, dans votre assiette.

1. Verser le quinoa dans une passoire fine et le rincer à l'eau froide pendant 3 ou 4 minutes, jusqu'à ce que l'eau qui en coule soit claire. Ce rinçage permet d'éliminer l'amertume. Dans une casserole moyenne à fond épais, verser le bouillon et le quinoa, couvrir et porter à ébullition. Baisser à feu moyen et laisser mijoter pendant 10 minutes. Retirer du feu et laisser reposer de 8 à 10 minutes. Ajouter les autres ingrédients. Saler, poivrer et bien mélanger le tout.

2. Remplir un bol du mélange et démouler sur une assiette comme un château de sable. Remplir un bol plus petit et démouler par-dessus pour former le dessus du château. Creuser un petit chemin à l'aide d'une cuillère. Déposer une tige de persil en guise de drapeau sur le dessus. Servir à la température ambiante.

Pour la boîte à lunch: Ajouter un jus de fruits, des carottes en crudités, des fruits séchés et un muffin.

55

Salade de rondelles de hockey

6 PORTIONS

- 1 pomme coupée en dés
- 2 c. à soupe de vinaigre de cidre
- Sel de mer et poivre du moulin
- 1 c. à soupe de moutarde de Dijon
- 60 ml (¼ tasse) d'huile d'olive
- 2 c. à soupe d'huile de noix ou de noisette
- 1 litre (4 tasses) de lentilles vertes du Puy, cuites
- 4 branches de céleri coupées en dés
- 2 c. à soupe de ciboulette ciselée
- 60 ml (¼ tasse) de noix de Grenoble, hachées grossièrement

Bon match!

Les rondelles de lentilles

Les grenouilles adeptes de hockey étaient fin prêtes pour le grand tournoi de lancers frappés. Les athlètes s'étaient sculpté des bâtons de bois en plus de s'être soigneusement cueilli des rondelles naturelles dont le matériau choisi devait devenir le nom de leur équipe. L'arbitre appela les deux premières équipes à s'affronter. « Voici les équipes des Cailloux et des Lentilles. » Les grenouilles dans les estrades commencèrent à rigoler en entendant le nom de la deuxième équipe. « Les Lentilles ? Leurs rondelles de hockey sont des lentilles ! » Aucune équipe n'avait encore choisi des légumineuses comme rondelles. La foule perplexe se tut pour regarder la première équipe à l'œuvre. Les Cailloux se mirent en ligne et réussirent à compter sept buts. Les Lentilles furent impressionnées, sans toutefois être découragées. À leur tour, les Lentilles enfilèrent une rondelle après l'autre sans manquer une seule fois le fond du filet. « Dix sur dix », s'écria l'arbitre. La foule fut ébaubie devant un tel exploit. Le comité du tournoi décida par la suite de changer les règlements. Les lentilles devinrent les rondelles officielles du tournoi, dû à leur performance incroyable. Le nom des équipes fut désormais choisi selon le bois de leurs bâtons de hockey.

Voici comment faire une salade remplie de petites rondelles de hockey pour compter plein de buts!

1. Dans un petit bol, déposer les dés de pommes et les arroser d'une partie du vinaigre de cidre. Mélanger et laisser reposer quelques minutes.

2. Dans un petit bol, mélanger le reste du vinaigre de cidre, le sel et le poivre, la moutarde, l'huile d'olive et l'huile de noix ou de noisette.

3. Dans un grand saladier, mélanger les lentilles qui ressemblent à des mini-rondelles de hockey, le céleri, les dés de pommes et la ciboulette. Ajouter la vinaigrette et bien mélanger. Vérifier l'assaisonnement. Servir dans une coupe et garnir de noix, au goût.

Pour la boîte à lunch : Ajouter un jus de légumes, quelques craquelins de blé et un yogourt aux fruits.

Suggestion : Servir avec un croûton au chèvre chaud.

57

Sandwichs à la chandelle

4 PORTIONS

- 250 ml (1 tasse) de fromage à la crème, à la température ambiante
- ¼ c. à café (¼ c. à thé) de curcuma (facultatif)
- 2 c. à soupe de coriandre fraîche, hachée
- Sel de mer et poivre du moulin
- 500 ml (2 tasses) de carottes râpées (environ 2 grosses carottes)
- 125 ml (½ tasse) de raisins frais, émincés
- 60 ml (¼ tasse) de graines de citrouille rôties
- 1 pomme évidée
- 1 c. à soupe de jus de citron
- 8 tranches de pain complet
- Luzerne, pousses ou feuilles de laitue

Voici le sandwich idéal à préparer
en cas de panne d'électricité.

1. Dans un bol, mélanger le fromage à la crème,
le curcuma et la coriandre. Saler et poivrer.

2. Dans un autre bol, mélanger les carottes,
les raisins et les graines de citrouille. Ajouter
environ 2 c. à soupe du mélange de fromage à
la crème et bien mélanger.

3. Trancher finement la pomme. Déposer les
tranches dans un bol et arroser de jus de citron.

4. Étendre un peu du fromage à la crème
sur les tranches de pain, couvrir de la
préparation aux carottes, puis ajouter des
tranches de pomme et de la luzerne, des
pousses ou une ou deux feuilles de laitue.
Refermer chacun des sandwichs et couper en
lanières comme des chandelles. Décorer
chacune des lanières d'un bout de carotte
pour simuler la flamme de la chandelle.

Pour la boîte à lunch: Ajouter une bouteille
d'eau, des tranches de concombre, un yogourt et un
fruit frais.

Cette recette est
idéale pour éclairer
votre assiette! Bon
appétit!

Falafels bébé fafa !

4 PORTIONS

- 1 boîte de 540 ml (19 oz) de pois chiches, rincés et égouttés
- 2 oignons verts émincés
- 2 gousses d'ail hachées
- 60 ml (¼ tasse) de persil frais, haché
- 60 ml (¼ tasse) de coriandre fraîche, hachée
- 2 c. à soupe de jus de citron
- 2 c. à soupe de tahini* ou de beurre de noix
- 60 ml (¼ tasse) de chapelure
- 2 c. à soupe de graines de lin moulues
- ½ c. à café (½ c. à thé) de poudre à pâte
- Une pincée de cumin en poudre
- 1 à 2 c. à soupe d'huile d'olive
- Sel de mer et poivre du moulin

*On trouve le tahini et les navets marinés dans les épiceries du Moyen-Orient, dans plusieurs marchés d'alimentation naturelle ou dans la section des produits asiatiques de certains supermarchés.

Voici les falafels les plus bébé fafa à faire!

1. Dans le récipient du robot culinaire, déposer tous les ingrédients à l'exception de l'huile. Mixer quelques secondes à la fois jusqu'à ce que le tout s'amalgame sans devenir une purée.

2. Former 8 boules en utilisant une petite cuillère à crème glacée pour obtenir des boules de la même grosseur. Les aplatir légèrement avec la paume de la main.

3. Dans une poêle, chauffer l'huile à feu moyen. Faire cuire les falafels 3 minutes de chaque côté ou jusqu'à ce qu'ils soient dorés. Déposer sur du papier absorbant pour enlever l'excédent d'huile. Les falafels se mangent chauds ou froids.

Suggestions pour les sandwichs: Garnir chaque mini-pita d'un falafel, ajouter du tzatziki maison ou du commerce, du navet mariné* ou de minces tranches de cornichons à l'aneth, ou encore des tranches de tomates et de la laitue.

Rien de plus bébé fafa à faire, et *full* santé!

Pour la boîte à lunch: Ajouter un berlingot de lait, des tomates cerises, des cubes de fromage et une salade de fruits.

Truc: Pour la cuisson des falafels au four: Préchauffer le four à 220 °C (450 °F). Huiler les falafels à l'aide d'un pinceau et les déposer sur une plaque à cuisson. Cuire pendant 20 minutes en prenant soin de les retourner à la mi-cuisson.

Truc: Pour écraser les pois chiches: Si l'on n'a pas de robot culinaire, écraser tout simplement les pois chiches à l'aide d'un pilon à pommes de terre, puis les incorporer au reste des ingrédients.

Soupe indienne à lunettes

4 à 6 portions

- 1 c. à soupe d'huile d'olive
- 1 oignon coupé en petits dés
- 1 carotte coupée en petits dés
- 1 tige de céleri coupée en petits dés
- 1 c. à café (1 c. à thé) de cari
- 2 c. à café (2 c. à thé) de gingembre frais, râpé
- 1,25 litre (5 tasses) de bouillon de légumes ou d'eau
- 1 pomme coupée en petits dés ou râpée
- 175 ml (¾ tasse) de lentilles vertes (du Puy ou autre)
- 80 ml (⅓ tasse) de lait de coco léger
- 60 ml (¼ tasse) de coriandre fraîche, ciselée
- Sel de mer et poivre du moulin

Voici ce qu'il faut faire pour voir l'Inde dans votre soupe!

1. Dans une grande casserole, chauffer l'huile à feu moyen et faire revenir les légumes et le cari quelques minutes. Ajouter le gingembre, le bouillon ou l'eau, la pomme et les lentilles. Couvrir et cuire à feu doux environ 30 minutes.

2. Lorsque les lentilles sont tendres, ajouter le lait de coco et assaisonner. Saupoudrer de coriandre au moment de servir.

Accompagnement suggéré: Papadums : Les papadums sont des galettes faites de farine de lentilles. On les trouve dans la section des produits indiens au supermarché ou dans les épiceries asiatiques. Sur la cuisinière, faire cuire les papadums dans une poêle avec un peu d'huile. Au four à micro-ondes, déposer 1 papadum à la fois dans une assiette et cuire à puissance élevée environ 45 secondes, jusqu'à ce qu'il soit boursouflé.

Pour la boîte à lunch:
Verser le potage chaud dans un thermos.

Pour un lunch complet : Ajouter une bouteille d'eau, des crudités, un papadum ou des craquelins, une gelée aux fruits et des raisins.

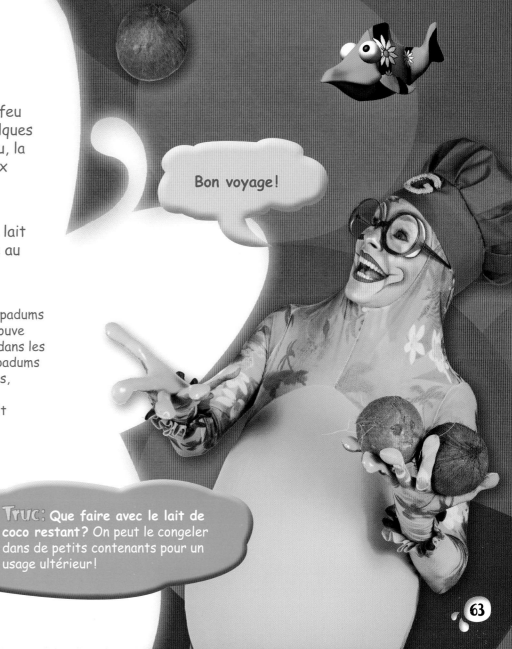

Bon voyage!

Truc: Que faire avec le lait de coco restant? On peut le congeler dans de petits contenants pour un usage ultérieur!

Sandwich au pâté de bouette

4 PORTIONS

Végépâté
- 250 ml (1 tasse) de graines de tournesol non salées
- 1 patate douce moyenne, râpée (environ 500 ml ou 2 tasses)
- 1 oignon moyen haché
- 125 ml (½ tasse) de germe de blé ou de levure Red Star
- 125 ml (½ tasse) de semoule de maïs
- 125 ml (½ tasse) de farine non blanchie
- 1 c. à soupe d'herbes : thym, basilic, sauge, origan, au goût
- 125 ml (½ tasse) d'huile d'olive ou végétale
- 250 ml (1 tasse) d'eau ou de bouillon de légumes froid
- Sel de mer et poivre du moulin

Sandwich
- 2 carottes
- 4 petits pains de blé entier ou multigrains
- Pousses de tournesol ou laitue, au goût
- Condiments au goût : mayonnaise, moutarde à l'ancienne, ketchup aux fruits, etc.

Voici comment préparer
de la bouette à sandwich.

1. Préchauffer le four à 175 °C (350 °F). Dans le récipient du robot culinaire, déposer les graines de tournesol et mixer 30 secondes.

2. Mettre le reste des ingrédients dans un grand saladier. Ajouter les graines de tournesol. Saler, poivrer et bien mélanger. Pour un végépâté plus onctueux, mettre plutôt le reste des ingrédients dans le robot culinaire, saler, poivrer et mixer jusqu'à l'obtention d'une texture homogène, pour une belle bouette.

3. Verser la préparation dans un moule carré de 20 cm (8 po) préalablement huilé. Cuire au four environ 1 heure ou jusqu'à ce que le pâté de bouette soit doré. La texture sera légèrement souple au toucher.

Truc : Pas de robot culinaire? Pas de problème!
Il est possible de faire cette recette même sans robot culinaire. Sur une planche à découper, écraser les graines de tournesol à l'aide du fond d'une casserole (propre) et les incorporer au reste des ingrédients.

Pour les sandwichs : Couper des tranches de pâté et déposer sur un petit pain avec un peu de mayonnaise. Prélever de longs rubans de carottes à l'aide d'un économe. Les déposer avec une feuille de laitue et fermer le sandwich. Composer les sandwichs selon les goûts de chacun.

Pour un lunch complet :
Ajouter du lait de soya, des tranches de concombre, des cubes de fromage et des raisins frais.

Bonne bouette!

Note : Ce pâté végétal se congèle très bien.

LES PLATS PRINCIPAUX

- 2 courgettes moyennes
- 1 c. à soupe d'huile d'olive
- 1 petit oignon haché
- 1 champignon portobello coupé en dés
- 1 gousse d'ail hachée
- ½ poivron rouge ou jaune, coupé en dés
- Sel de mer et poivre du moulin
- 1 c. à soupe de pesto de basilic ou de tomates séchées
- 125 ml (½ tasse) de riz, de quinoa ou d'orge cuit
- 60 ml (¼ tasse) d'amandes en bâtonnets, rôties
- 175 ml (¾ tasse) de fromage gruyère râpé

Les canots voyageurs

4 PORTIONS

Voici comment fabriquer des canots pour voyager dans votre assiette.

1. Couper les courgettes en deux dans le sens de la longueur en prenant soin de conserver la queue. À l'aide d'une cuillère parisienne, vider les courgettes en préservant environ 0,5 cm (¼ po) de chair avec la peau. Couper légèrement la base des courgettes pour qu'elles soient stables sur le plan de travail. Voilà de beaux canots prêts pour l'embarquement!

2. Préchauffer le four à 190 °C (375 °F). Dans une poêle, chauffer l'huile à feu moyen-élevé et faire revenir l'oignon et les dés de champignon de 3 à 4 minutes. Ajouter l'ail et le poivron. Saler et poivrer. Poursuivre la cuisson pendant 5 minutes en ajoutant un peu d'huile, au besoin. Retirer du feu, ajouter le pesto, le riz et les amandes.

3. Saler l'intérieur des courgettes, les farcir de la préparation et les déposer sur une plaque de cuisson recouverte de papier parchemin ou préalablement huilée. Saupoudrer de fromage. Cuire au four de 25 à 30 minutes ou jusqu'à ce que les canots soient tendres et le fromage fondu. Au besoin, passer sous le gril pour faire dorer. Servir aussitôt.

Bonne promenade, chers petits voyageurs!

69

Pizza éclair

4 PORTIONS

- 4 tortillas fraîches de 20 cm (8 po) de diamètre
- 125 ml (½ tasse) de pesto de basilic
- 80 ml (⅓ tasse) de pesto de tomates séchées
- 1 casseau de tomates cerises ou de tomates olivettes, tranchées
- 8 fromages mini-bocconcini, tranchés
- Sel de mer et poivre du moulin
- 60 ml (¼ tasse) de parmesan frais, râpé

Voici comment faire une bonne pizza à la vitesse de l'éclair.

1. Préchauffer le four à 190 °C (375 °F). Badigeonner le centre des tortillas de pesto de basilic, en laissant environ 3 cm (1 ½ po) tout autour. Badigeonner le tour de pesto de tomates séchées en laissant environ 1 cm (½ po). Déposer les tortillas sur des plaques à pizza perforées ou sur des plaques de cuisson recouvertes de papier parchemin.

2. Répartir les tranches de tomates et les tranches de mini-bocconcini sur les tortillas. Saler, poivrer et saupoudrer de parmesan.

3. Faire cuire sur la grille au bas du four de 8 à 10 minutes. Servir aussitôt !

Variante : On peut inverser les 2 pestos en mettant celui aux tomates séchées au centre, et celui au basilic tout autour.

Voilà votre pizza préparée en un éclair… sans orage !

- 1 c. à soupe d'huile d'olive
- 2 gousses d'ail hachées finement
- ¼ c. à café (¼ c. à thé) de curcuma
- Zeste de citron, râpé finement
- 330 ml (1 ⅓ tasse) de bouillon de légumes
- 330 ml (1 ⅓ tasse) de couscous (semoule de blé)
- Sel de mer et poivre du moulin
- 4 abricots séchés, coupés en petits dés
- 60 ml (¼ tasse) de raisins secs dorés
- 60 ml (¼ tasse) de canneberges séchées
- 60 ml (¼ tasse) de ciboulette fraîche, ciselée
- 60 ml (¼ tasse) de persil frais haché

Jardin de blé aux fruits séchés

4 PORTIONS

Voici comment faire pousser des fruits séchés dans votre assiette.

1. Dans une casserole moyenne, chauffer l'huile à feu moyen. Faire revenir l'ail et le curcuma environ 1 minute. Ajouter le zeste de citron et le bouillon de légumes. Porter à ébullition, retirer du feu et ajouter le couscous. À l'aide d'une fourchette, mélanger afin de bien séparer les grains. Couvrir et laisser reposer de 10 à 15 minutes, ou jusqu'à ce que le liquide soit tout absorbé. Saler et poivrer, au goût.

2. Étendre le couscous dans un plat peu profond. Creuser de petits sillons pour planter les fruits. Répartir les abricots, les raisins et les canneberges dans ces sillons. Saupoudrer de ciboulette et décorer de persil.

Bon jardinage!

Note : Une fois mélangée, cette salade est aussi excellente servie tiède. Elle accompagne très bien le sauté de tofu.

Fenouil du pompier

4 PORTIONS

N'oubliez pas d'éteindre le feu une fois le fenouil bien braisé!

Voici comment braiser votre fenouil exactement comme un pompier l'aimerait!

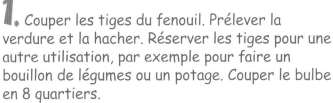

- 1 bulbe de fenouil
- 1 c. à soupe d'huile d'olive
- 2 c. à soupe de beurre
- Sel de mer et poivre du moulin
- 2 c. à soupe de miel de fleurs sauvages
- Zeste de ½ orange, râpé finement
- Jus de 1 orange

1. Couper les tiges du fenouil. Prélever la verdure et la hacher. Réserver les tiges pour une autre utilisation, par exemple pour faire un bouillon de légumes ou un potage. Couper le bulbe en 8 quartiers.

2. Dans une grande poêle, faire chauffer l'huile et ajouter 1 c. à soupe de beurre. Déposer les quartiers de fenouil et les faire cuire à feu de pompier moyen-élevé pendant 5 minutes. Retourner le fenouil, saler et poivrer. Ajouter le miel, le zeste et le jus d'orange. Baisser à feu de pompier doux, couvrir et poursuivre la cuisson de 7 à 8 minutes ou jusqu'à ce que le fenouil soit tendre. Ajouter le reste du beurre et la verdure réservée. Garder sur le feu jusqu'à ce que le beurre soit fondu. Servir aussitôt à votre pompier!

Karaté de légumes au tofu

4 PORTIONS

- 3 c. à soupe de miel
- 3 c. à soupe de tamari ou de sauce soya
- 60 ml (¼ tasse) de bouillon de légumes
- 2 c. à soupe de miso brun
- 1 c. à café (1 c. à thé) de gingembre frais, râpé ou haché finement
- 454 g (16 oz) de tofu ferme, coupé en cubes d'environ 1,5 cm (¾ po)
- 3 c. à soupe d'huile de tournesol ou végétale
- 3 carottes moyennes émincées
- 3 tiges de céleri émincées
- 225 g (8 oz) de champignons shiitake émincés
- 3 bok choy miniatures émincés
- 250 ml (1 tasse) de pois mange-tout

Voici comment se faire
un bon karaté de légumes.

1. Dans un bol, mélanger le miel, le tamari, le bouillon, le miso et le gingembre. Déposer les cubes de tofu dans un plat carré en verre de 20 cm (8 po), y verser la marinade et bien mélanger. Laisser mariner de 1 à 2 heures à la température ambiante, en prenant soin de remuer 2 ou 3 fois, ou déposer les cubes de tofu dans un contenant hermétique, verser la marinade et réfrigérer jusqu'à 24 heures. Égoutter les cubes de tofu et réserver la marinade.

2. Dans une grande poêle ou un wok, faire chauffer 1 c. à soupe d'huile à feu moyen-élevé. Saisir la moitié des cubes de tofu pour qu'ils soient bien dorés et les retirer de la poêle. Réserver. Répéter avec le reste des cubes de tofu et réserver.

3. Couper les légumes en poussant quelques petits cris de karaté. Verser le reste de l'huile dans la poêle. Faire sauter les carottes, le céleri et les shiitake pendant 2 minutes. Ajouter le bok choy et les pois mange-tout et poursuivre la cuisson pendant 2 minutes ou jusqu'à ce que les légumes soient cuits mais encore croquants. Remettre le tofu dans la poêle, verser la marinade réservée et réchauffer le tout. Servir accompagné de riz brun.

Bon karaté!

Ratatouille de la grenouille

4 PORTIONS

- 2 petites aubergines italiennes, coupées en dés
- ¼ c. à café (¼ c. à thé) de sel
- 3 à 4 c. à soupe d'huile d'olive
- 1 oignon coupé en dés
- Feuilles de 6 tiges de thym frais
- 1 feuille de laurier
- 2 gousses d'ail hachées finement
- 3 courgettes coupées en dés
- 1 poivron jaune coupé en dés
- 1 poivron rouge coupé en dés
- 1 boîte de 540 ml (19 oz) de tomates en dés
- Sel de mer et poivre du moulin

L'Auberge In!

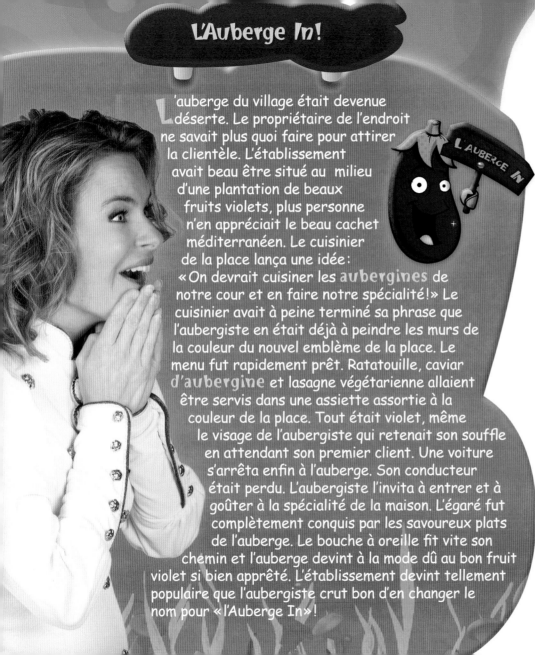

L'auberge du village était devenue déserte. Le propriétaire de l'endroit ne savait plus quoi faire pour attirer la clientèle. L'établissement avait beau être situé au milieu d'une plantation de beaux fruits violets, plus personne n'en appréciait le beau cachet méditerranéen. Le cuisinier de la place lança une idée: «On devrait cuisiner les aubergines de notre cour et en faire notre spécialité!» Le cuisinier avait à peine terminé sa phrase que l'aubergiste en était déjà à peindre les murs de la couleur du nouvel emblème de la place. Le menu fut rapidement prêt. Ratatouille, caviar d'aubergine et lasagne végétarienne allaient être servis dans une assiette assortie à la couleur de la place. Tout était violet, même le visage de l'aubergiste qui retenait son souffle en attendant son premier client. Une voiture s'arrêta enfin à l'auberge. Son conducteur était perdu. L'aubergiste l'invita à entrer et à goûter à la spécialité de la maison. L'égaré fut complètement conquis par les savoureux plats de l'auberge. Le bouche à oreille fit vite son chemin et l'auberge devint à la mode dû au bon fruit violet si bien apprêté. L'établissement devint tellement populaire que l'aubergiste crut bon d'en changer le nom pour «l'Auberge In»!

Voici comment préparer la ratatouille de la grenouille sans faire une fouille ni crier ouille!

1. Déposer les dés d'aubergines dans une passoire et les saupoudrer de sel pour les faire dégorger. Laisser reposer pendant 30 minutes. Passer sous l'eau froide et bien essuyer avec un papier absorbant ou un linge propre pour enlever l'excédent d'eau.

2. Dans une grande casserole à fond épais ou une cocotte en fonte émaillée, faire chauffer l'huile à feu moyen-élevé. Ajouter l'oignon, le thym, le laurier et faire revenir 5 minutes.

3. Ajouter un peu d'huile au besoin et incorporer l'aubergine, l'ail, les courgettes et les poivrons. Faire revenir en remuant pendant 4 à 5 minutes. Ajouter les tomates, saler et poivrer. Couvrir et poursuivre la cuisson 20 minutes à feu moyen-doux. Vérifier l'assaisonnement.

À vous de décider si vous voulez servir la ratatouille de la grenouille avec de l'orge, du quinoa ou des nouilles! Bon appétit, les petites grenouilles!

Fantômes de la famille Dumpling

ENVIRON 24 À 60 BOUCHÉES

- 225 g (8 oz) de tofu ferme, coupé en dés
- 1 petite gousse d'ail, coupée en quatre
- 1 c. à café (1 c. à thé) d'huile de sésame
- 5 c. à café (5 c. à thé) de tamari
  ou de sauce soya
- 60 ml (¼ tasse) de noisettes rôties
- 250 ml (1 tasse) d'épinards frais bien tassés
- 1 œuf
- 2 c. à café (2 c. à thé) de fécule de maïs
- 24 à 60 pâtes à wonton carrées ou rondes

Pour faire les yeux des fantômes

- 1 feuille d'algue nori (utilisée dans la préparation des sushis)
- 1 poinçon

HOUUUUUUUUUU… Voici comment fabriquer les plus gentils des fantômes!

1. Dans le récipient du robot culinaire, hacher le tofu. Ajouter les autres ingrédients et pulser jusqu'à consistance d'une pâte pas trop lisse.

2. Déposer 1 à 1 ½ c. à café (1 à 1 ½ c. à thé) de préparation au centre de chaque pâte à wonton. Badigeonner le contour d'eau froide, puis refermer la pâte en joignant les extrémités et en pressant légèrement contre la farce pour que la pâte y adhère bien, de manière à former de beaux petits fantômes. Façonner ainsi toutes les pâtes, jusqu'à épuisement de la farce. Déposer sur une plaque préalablement recouverte de papier parchemin. Les petits fantômes de la famille Dumpling ne doivent pas se toucher.

3. Utiliser une casserole vapeur, un wok ou une poêle profonde et y verser environ 4 cm (1 ½ po) d'eau. Déposer le panier vapeur de bambou (celui-ci ne doit pas toucher à l'eau; s'il y a trop d'eau, en retirer). Porter l'eau à ébullition, puis baisser à feu moyen. Tailler un cercle de papier parchemin et le déposer à l'intérieur du panier. Mettre de 6 à 10 petits fantômes sur le papier parchemin, couvrir le panier et cuire à la vapeur pendant 10 minutes.

4. Poinçonner de petits cercles dans la feuille d'algue nori, puis les apposer sur les fantômes tout de suite après la cuisson. Servir avec une sauce aigre-douce aux arachides (voir ci-dessous).

Sauce aigre-douce aux arachides pour fantômes

- 60 ml (¼ tasse) de sirop d'érable
- 2 ½ c. à soupe de sauce soya
- 2 c. à soupe de beurre d'arachide
- 175 ml (¾ tasse) de bouillon de légumes
- 3 c. à soupe de vinaigre de riz ou de vinaigre de vin
- 1 gousse d'ail hachée finement
- Piment sambal oelek ou sauce tabasco, au goût (facultatif)
- 2 c. à soupe de fécule de maïs

Dans une petite casserole, mélanger tous les ingrédients sauf la fécule de maïs. Porter à ébullition et ajouter la fécule diluée dans un peu d'eau. Laisser mijoter 2 minutes, retirer du feu et réserver. Cette sauce peut être préparée à l'avance et se conserve au réfrigérateur pendant 1 semaine. Au besoin, la détendre avec un peu d'eau chaude si elle est froide et figée.

HOUUUUUUUU...
Bon appétit!

79

Sac de couchage aux légumes

12 ROULEAUX

- 2 carottes coupées en julienne
- 1 chou-rave pelé et coupé en julienne ou 250 ml (1 tasse) de daïkon (radis blanc oriental) pelé et coupé en julienne
- 250 ml (1 tasse) de haricots de soya germés
- 2 oignons verts hachés
- Sel de mer et poivre du moulin
- 12 crêpes de riz de 18 cm (7 po) de diamètre
- Feuilles de menthe fraîche
- Feuilles de basilic frais
- 80 ml (⅓ tasse) d'arachides hachées ou de noix d'acajou hachées
- Sauce aigre-douce aux arachides (voir la recette p. 79)

Voici comment confectionner des sacs de couchage pour vos légumes.

1. Dans un bol, mélanger les carottes, le chou-rave ou le daïkon, les haricots germés, les oignons verts. Saler et poivrer.

2. Faire tremper les crêpes de riz, une à la fois, dans de l'eau tiède de 10 à 20 secondes ou jusqu'à ce que la crêpe soit souple. Placer la crêpe sur un linge de cuisine légèrement humide. Déposer une petite quantité de légumes au centre, recouvrir de quelques feuilles de menthe et de basilic et saupoudrer d'arachides ou de noix.

3. Rouler à peine pour couvrir la garniture, puis replier les deux extrémités. Continuer à rouler pour sceller le rouleau afin que les légumes soient bien confortables dans leur sac de couchage. Répéter avec les autres crêpes. Servir accompagné de sauce aigre-douce aux arachides.

Bon camping, les petits Brocoli!

Suggestion: Mettre la garniture de légumes et un bol d'eau tiède au centre de la table afin que chacun puisse s'amuser à rouler son sac de couchage.

Casserole aux haricots

4 PORTIONS

- 3 c. à soupe de beurre
- 1 c. à soupe de cari
- 1 poireau (le blanc et le vert tendre seulement), émincé
- 2 carottes moyennes émincées
- ½ fenouil coupé en dés ou 3 tiges de céleri émincées
- Sel de mer
- 250 ml (1 tasse) de bouillon de légumes
- 1 boîte de 540 ml (19 oz) de haricots romano, rincés et égouttés
- 125 ml (½ tasse) de lait de coco
- 500 ml (2 tasses) de petits bouquets de brocoli
- Pains naan

Voici comment se faire une bonne casserole aux haricots.

1. Dans une grande casserole, faire chauffer le beurre à feu moyen. Mettre le cari et bien mélanger. Ajouter le poireau, les carottes, le fenouil et saler. Faire cuire environ 5 minutes en remuant. Verser le bouillon et poursuivre la cuisson de 8 à 10 minutes.

2. Ajouter les haricots, le lait de coco, sans oublier le meilleur légume du monde : le brocoli ! Laisser mijoter environ 5 minutes ou jusqu'à ce que le succulent légume soit cuit. Vérifier l'assaisonnement et servir accompagné de pains naan.

Suggestion: Servir avec un pavé de saumon poêlé ou des crevettes sautées, légèrement épicées.

Variantes: Remplacer les haricots romano par des pois chiches, des haricots blancs ou des lentilles. Pour un mets plus épicé, ajouter plus de cari ou un peu de piment de Cayenne.

Bon appétit, les petits Brocoli !

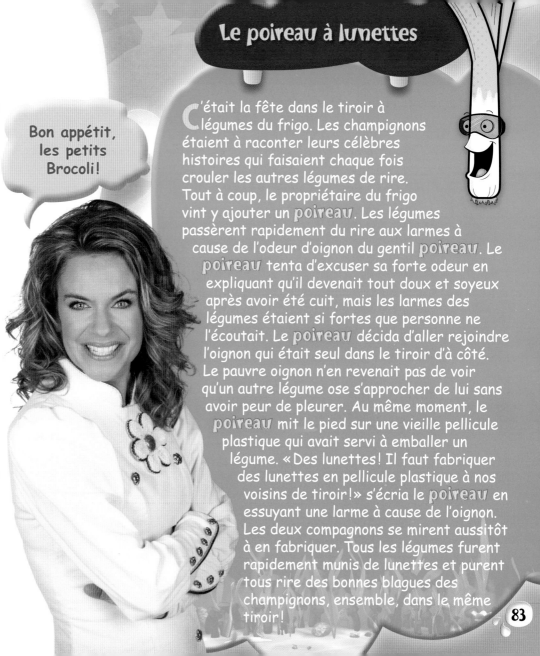

Le poireau à lunettes

C'était la fête dans le tiroir à légumes du frigo. Les champignons étaient à raconter leurs célèbres histoires qui faisaient chaque fois crouler les autres légumes de rire. Tout à coup, le propriétaire du frigo vint y ajouter un poireau. Les légumes passèrent rapidement du rire aux larmes à cause de l'odeur d'oignon du gentil poireau. Le poireau tenta d'excuser sa forte odeur en expliquant qu'il devenait tout doux et soyeux après avoir été cuit, mais les larmes des légumes étaient si fortes que personne ne l'écoutait. Le poireau décida d'aller rejoindre l'oignon qui était seul dans le tiroir d'à côté. Le pauvre oignon n'en revenait pas de voir qu'un autre légume ose s'approcher de lui sans avoir peur de pleurer. Au même moment, le poireau mit le pied sur une vieille pellicule plastique qui avait servi à emballer un légume. « Des lunettes ! Il faut fabriquer des lunettes en pellicule plastique à nos voisins de tiroir ! » s'écria le poireau en essuyant une larme à cause de l'oignon. Les deux compagnons se mirent aussitôt à en fabriquer. Tous les légumes furent rapidement munis de lunettes et purent tous rire des bonnes blagues des champignons, ensemble, dans le même tiroir !

Germinations de légumineuses

Bonne germitude, tout le monde!

- Paire de ciseaux
- Moustiquaire fine*
- Pots Mason en verre de 1 litre (4 tasses)
- Passoire
- Légumineuses biologiques: lentilles vertes, haricots mungos, pois chiches, etc.
- Eau de source ou eau filtrée
- Égouttoir à vaisselle
- Linge de cuisine

Attention, les petits Brocoli, ça va germer!

1. À l'aide de ciseaux, découper des cercles dans une moustiquaire fine, du même diamètre que l'ouverture des pots Mason.

2. À l'aide d'une passoire, rincer les légumineuses sous l'eau froide et retirer celles qui sont cassées. Déposer environ 125 ml (½ tasse) de légumineuses dans chaque pot. Couvrir d'eau de source ou filtrée. Faire un grillage à double épaisseur en prenant deux cercles de moustiquaire, et le placer sur l'ouverture du pot. Maintenir ce grillage en place en apposant la bague du couvercle (le pourtour seulement). Laisser tremper à la température ambiante de 8 à 12 heures.

3. Retirer l'eau de trempage en la laissant couler à travers le grillage. Bien rincer les légumineuses jusqu'à ce que l'eau soit claire. Égoutter. Placer les pots en position inclinée sur l'égouttoir à vaisselle pour que l'excédent d'eau s'écoule facilement et pour assurer la circulation d'air. Recouvrir les pots d'un linge de cuisine pour les protéger de la lumière.

4. Rincer les germinations deux ou trois fois par jour jusqu'à ce qu'elles soient prêtes, c'est-à-dire que les germes aient environ 1 cm (½ po) de longueur. Cela devrait prendre environ 3 jours pour les lentilles, 4 jours pour les haricots mungos et 5 jours pour les pois chiches, selon la température et l'humidité ambiantes.

5. Conserver les germinations jusqu'à 1 semaine au réfrigérateur, dans des contenants hermétiques, entre deux papiers absorbants.

Note: Les germinations de légumineuses se mangent crues, en salade et comme accompagnement. Elles sont très nutritives.

* Au lieu de la moustiquaire, vous pouvez utiliser un bas de nylon. Le tailler environ 2 cm (1 po) plus grand que l'ouverture du pot et prendre soin de l'étirer avant d'apposer le cerceau du couvercle.

Tapisserie aux pommes de terre et aux tomates

4 PORTIONS

- 2 pommes de terre Yukon Gold moyennes d'environ 5 cm (2 po) de diamètre
- Un filet + 2 c. à soupe d'huile d'olive
- 1 tomate italienne tranchée
- Sel de mer et poivre du moulin
- Quelques tiges d'oignon vert ou de ciboulette

Pour une assiette qui a du style! Bon appétit!

Voici comment décorer votre assiette d'une belle tapisserie des plus délicieuses!

1. Préchauffer le four à 200 °C (400 °F). Peler les pommes de terre et les trancher finement, environ 2 mm (⅛ po) d'épaisseur, à la mandoline ou à l'aide d'un couteau.

2. Recouvrir une plaque de cuisson de papier parchemin et, à l'aide d'un pinceau, badigeonner le papier d'un filet d'huile d'olive. Disposer les pommes de terre en faisant chevaucher les tranches de manière à former quatre rosaces. Mettre une tranche de tomate au centre, badigeonner avec le reste de l'huile, saler et poivrer. Cuire au four de 13 à 15 minutes ou jusqu'à ce que le contour des rosaces soit légèrement doré et que les pommes de terre soient cuites. Si désiré, passer sous le gril pour obtenir plus de coloration.

3. Disposer les rosaces sur une assiette et garnir de tiges d'oignon vert pour simuler la tige des fleurs, et servir.

Coffres aux trésors au quinoa

4 PORTIONS

- 125 ml (½ tasse) de quinoa
- 205 ml (½ tasse + ⅓ tasse) de bouillon de légumes
- Une noix de beurre
- Un filet d'huile d'olive
- 2 échalotes françaises émincées
- 60 ml (¼ tasse) de basilic frais ciselé ou
- ¾ c. à café (¾ c. à thé) d'herbes de Provence séchées
- 60 ml (¼ tasse) de parmesan frais, râpé
- 125 ml (½ tasse) de cheddar coupé en dés
- 60 ml (¼ tasse) de noix de pin, rôties
- 3 tomates italiennes, évidées et coupées en dés
- Sel de mer et poivre du moulin
- 4 poivrons jaunes ou rouges

L'île aux pirates

a rumeur nageait depuis des années au lac Fontaine. Les plus bavards du lac racontaient que les habitants de l'île étaient des pirates qui s'y étaient réfugiés pour cacher des coffres aux trésors. Les curieux passaient leur temps à épier les supposés pirates avec leurs lunettes d'approche. Chacun y allait de ses visions, même si personne ne connaissait vraiment le contenu ni le contenant de ces dits trésors. « Je les ai vus, ils cachent de la poussière d'or dans leur foulard de pirate rouge, pour en faire des petits baluchons... » Une autre grande langue y allait plutôt en disant : « Mais non, ce sont des pépites d'or qu'ils cachent dans des bas rouges... » Jusqu'au jour où une habitante du lac, bien mieux lunettée que les autres, arriva avec une histoire complètement différente. « Ce ne sont pas des pirates, ce sont des fermiers qui cultivent du quinoa et qui le cachent à l'intérieur de poivrons. » Tout le monde commença à croire, avec raison, que le quinoa était un trésor dû à sa valeur nutritive hors du commun. Plusieurs personnes commencèrent même à mettre du quinoa plutôt que du riz dans leurs poivrons. Mais l'île conserva toujours le nom de « l'île aux pirates ».

Voici comment faire des coffres aux trésors au quinoa.

1. Verser le quinoa dans une fine passoire et le rincer à l'eau froide pendant 2 ou 3 minutes, jusqu'à ce que l'eau qui en coule soit claire. Ce rinçage permet d'éliminer l'amertume.

2. Dans une casserole, verser le bouillon et le quinoa. Ajouter le beurre, l'huile et les échalotes. Mélanger le tout. Couvrir et porter à ébullition à feu moyen-élevé. Baisser à feu moyen-doux et laisser mijoter 10 minutes. Transférer dans un bol et laisser reposer 10 minutes. Ajouter le basilic, le parmesan, le cheddar, les noix de pin et les tomates. Saler et poivrer.

3. Préchauffer le four à 190 °C (375 °F). Couper légèrement la base des poivrons pour les stabiliser, puis couper leur chapeau et les évider. Voilà de beaux coffres aux trésors prêts à être remplis. Farcir les poivrons de la préparation au quinoa et replacer le chapeau. Déposer dans un plat en pyrex préalablement huilé et cuire au four de 30 à 40 minutes ou jusqu'à ce que les poivrons soient rôtis et cuits. Servir les coffres aux trésors accompagnés d'un légume vert.

Bon appétit, très chers trésors!

M. Burger au tofu touffu qui fait la grimace

4 PORTIONS

- 125 ml (½ tasse) de bouillon de légumes
- 3 c. à soupe de soya
- 2 c. à soupe de miso de soya et riz
- 2 c. à soupe de sirop d'érable
- Quelques gouttes de sauce piquante Sriracha ou sambal oelek (facultatif)
- 350 g (environ 12 oz) de tofu ferme, coupé en 8 tranches
- 1 c. à soupe d'huile d'olive ou végétale
- 4 pains multigrains à hamburger
- 3 c. à soupe de pesto de basilic
- 2 concombres libanais tranchés
- 6 champignons de Paris tranchés
- Quelques feuilles de jeunes épinards
- 3 c. à soupe de mayonnaise
- Pour décorer: tranches d'olives, poivron jaune, tomates, etc.

Rencontrez aujourd'hui M. Burger lui-même, dans votre assiette!

1. Dans un contenant refermable, mélanger le bouillon, le soya, le miso, le sirop d'érable et la sauce piquante. Y faire mariner les tranches de tofu au réfrigérateur pendant 8 heures.

2. Dans une poêle, chauffer l'huile à feu moyen-élevé. Saisir le tofu des deux côtés, baisser à feu moyen et cuire de 3 à 4 minutes.

3. Rôtir les pains, badigeonner les bases de pesto, puis mettre quelques tranches de concombres et de champignons, ce qui rendra le burger touffu. Y déposer les galettes de tofu et garnir d'épinards. Badigeonner les autres parties de pain de mayonnaise et déposer sur les épinards.

4. À ce stade-ci, on a un burger au tofu touffu qui ne fait pas encore la grimace! Avant de le faire grimacer, faire un visage avec des tranches d'olives pour les yeux et un bout de poivron jaune pour le nez. Finalement, pour lui faire sortir la langue, placer un morceau de tomate sur la bouche. Servir aussitôt.

Mais n'oubliez pas : les burgers sont les seuls à pouvoir grimacer! Hi! hi!

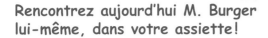

Truc: Le tofu, un aliment polyvalent!

Si l'on conserve le tofu quelques jours dans la marinade, au réfrigérateur, il n'en sera que meilleur. On peut le couper en cubes et le faire sauter avec des poivrons, du brocoli, des oignons, du bok choy et d'autres légumes, au choix.

Orgeotto du professeur Germaine

4 À 6 PORTIONS

- 1 c. à soupe d'huile d'olive
- 1 c. à soupe de beurre
- 250 ml (1 tasse) d'orge perlé
- Feuilles de 3 à 4 tiges de thym frais
- 2 feuilles de laurier
- 4 échalotes françaises hachées
- 625 ml (2 ½ tasses) de bouillon de légumes
- Sel de mer et poivre du moulin

- 250 ml à 500 ml (1 à 2 tasses) de pois verts surgelés
- 300 g (10 oz) de champignons variés : portobello, pleurotes, shiitake, etc., émincés
- 60 ml (¼ tasse) de crème 35 %
- 175 ml (¾ tasse) de parmesan ou de cheddar fort, râpé
- Basilic frais

Voici comment apprendre à compter en faisant un orgeotto selon le professeur Germaine! Vous n'aurez qu'à compter les ingrédients en les faisant cuire...

1. Dans une grande casserole à fond épais, faire chauffer la moitié de l'huile et du beurre. Faire revenir l'orge à feu moyen pendant 5 minutes en brassant et en comptant les grains. Ajouter le thym, le laurier et les échalotes, et faire revenir pendant 2 minutes. Verser le bouillon, saler et poivrer. Porter à ébullition, baisser à feu doux, couvrir et laisser mijoter 25 minutes. Ajouter les petits pois, les compter et poursuivre la cuisson 5 minutes.

2. Pendant ce temps, dans une grande poêle, faire chauffer le restant d'huile et de beurre à feu moyen-élevé. Faire sauter les champignons jusqu'à ce qu'ils soient bien colorés, tendres et comptés. Saler et poivrer.

Additionnez le nombre de grains d'orge, de pois et de champignons. Un total entre douze et mille millions de milliers est une bonne réponse, alors l'idée, c'est de s'amuser!

3. Incorporer les champignons et la crème à l'orgeotto et poursuivre la cuisson 5 minutes. Ajouter le parmesan et bien mélanger. Vérifier l'assaisonnement, garnir de basilic et servir.

Frites à la Germaine

4 PORTIONS

- 2 carottes jaunes ou orange, pelées
- 2 panais pelés
- 1 patate douce pelée
- Un filet d'huile d'olive
- Sel de mer et poivre du moulin
- 3 c. à soupe de parmesan frais, râpé
- 2 c. à café (2 c. à thé) de ciboulette ciselée
- 2 c. à café (2 c. à thé) de persil frais, haché

Voici comment faire des frites, pas frites dans l'huile, qui sont quand même de vraies bonnes frites!

1. Préchauffer le four à 200 °C (400 °F). Tailler les légumes en bâtonnets (format frites) et mettre le tout dans un bol. Verser un filet d'huile d'olive, juste ce qu'il faut pour bien enrober les légumes mais sans plus. Saler et poivrer.

2. Transférer les bâtonnets sur une plaque de cuisson recouverte de papier parchemin. Choisir une plaque suffisamment grande pour que les légumes soient bien étalés. Cuire au four pendant 5 minutes. Retourner les légumes et poursuivre la cuisson de 3 à 4 minutes.

3. Dans un grand bol, mélanger le fromage et les herbes. Ajouter les légumes et mélanger délicatement pour bien enrober les frites. Remettre sur la plaque et poursuivre la cuisson au four pendant 2 minutes. Servir aussitôt.

Bonnes frites pas frites à tous!

Poisson en paillettes de courgettes

6 À 8 PORTIONS

- 454 g (1 lb) de ricotta
- 125 ml (½ tasse) de fromage provolone, friulano ou mozzarella, râpé
- ½ c. à café (½ c. à thé) de graines de fenouil, écrasées au mortier
- ½ c. à café (½ c. à thé) d'origan séché
- 2 c. à soupe de pesto de basilic
- 1 gousse d'ail hachée finement
- Quelques cuillerées de semoule de maïs ou de farine non blanchie
- 360 g (12 oz) de pâte brisée, maison ou du commerce
- 1 courgette verte émincée
- 1 courgette jaune (si disponible, sinon utiliser 2 vertes), émincée
- Un filet d'huile d'olive extra-vierge
- Sel de mer et poivre du moulin
- Roquette (facultatif)
- Tomates cerises (facultatif)

Le marchand de réglisse

Tous les soirs, le marchand fermait son épicerie après avoir pris soin de bien remplir ses étagères de fruits et de légumes cueillis durant la journée. Un matin, le marchand se trouva très drôle, mais surtout distrait en voyant que la veille, il avait placé le **fenouil** dans la section des friandises plutôt que dans celle des légumes. La même journée, avant de retourner chez lui, l'épicier s'assura de bien placer sa marchandise au bon endroit. Le lendemain, à l'ouverture de son magasin, quelle ne fut pas sa surprise quand il retrouva encore une fois le **fenouil** fièrement installé dans la section des friandises, revendiquant le droit d'être appelé, comme ses comparses de tablette, de la réglisse! Le marchand s'excusa bien bas au légume en lui promettant de classer sa marchandise par saveur. Le **fenouil** fut dorénavant classé avec les friandises pour aller avec son bon goût subtil de réglisse. L'épicier devint rapidement très populaire à cause de ses légumes à saveur de bonbons!

Voici comment faire nager le plus beau des poissons en paillettes de courgettes!

1. Égoutter la ricotta dans une étamine («coton à fromage») ou dans une fine passoire chemisée d'un papier absorbant, pendant 45 minutes.

2. Préchauffer le four à 200 °C (400 °F). Dans un bol, mélanger la ricotta égouttée, le provolone, les graines de fenouil, l'origan, le pesto et l'ail. Saler et poivrer généreusement. Réserver.

3. Saupoudrer le plan de travail de semoule de maïs ou de farine et abaisser la pâte brisée pour obtenir une abaisse d'environ 38 X 20 cm (15 X 8 po). Étendre la pâte de manière à former un poisson. Déposer sur une grande plaque de cuisson recouverte de papier parchemin. Piquer le centre de la pâte à plusieurs reprises à l'aide d'une fourchette jusqu'à environ 2 cm (1 po) du bord.

4. Répartir le mélange de ricotta sur l'abaisse jusqu'à 2 cm (1 po) du bord. Retourner le contour de la pâte sur la ricotta. Disposer les paillettes de courgettes sur le dessus, en prenant soin d'alterner les couleurs de paillettes. Arroser d'un filet d'huile d'olive, saler et poivrer. Cuire au four de 25 à 30 minutes ou jusqu'à ce que le poisson soit bien doré.

5. Accompagner d'une salade de roquette et de tomates cerises.

Bonne pêche!

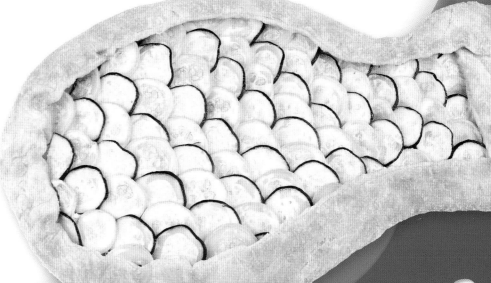

Vos croquettes santé feront fureur, tout comme celles du Restaurant G rapide santé!

Croquettes santé

6 PORTIONS

- Environ 2 ou 3 c. à soupe d'huile d'olive
- 1 poivron rouge coupé en petits dés
- 1 poivron jaune coupé en petits dés
- 1 oignon haché
- 3 tiges de thym frais
- 2 feuilles de laurier
- 250 ml (1 tasse) d'orge perlé
- 625 ml (2 ½ tasses) de bouillon de légumes
- Sel de mer et poivre du moulin
- 60 ml (¼ tasse) de persil italien haché
- 250 ml (1 tasse) de cheddar fort ou moyen, râpé
- 125 ml (½ tasse) de maïs en grains
- 1 œuf
- 80 ml (⅓ tasse) ou plus de farine de maïs
- Une noix de beurre

Voici comment préparer les croquettes santé, du Restaurant G rapide santé!

1. Dans une grande casserole, chauffer environ 1 c. à soupe d'huile à feu moyen et faire revenir les poivrons de 4 à 5 minutes. Retirer les poivrons et réserver.

2. Verser environ 1 c. à soupe d'huile dans la poêle. Ajouter l'oignon, le thym, le laurier et cuire pendant 2 minutes en brassant. Ajouter l'orge et bien mélanger. Verser le bouillon, saler et poivrer. Porter à ébullition, baisser à feu doux, couvrir et laisser mijoter de 25 à 30 minutes ou jusqu'à ce que le bouillon soit tout absorbé. S'il reste encore du liquide, retirer le couvercle et poursuivre la cuisson quelques minutes. Retirer du feu, incorporer les poivrons, le persil, le cheddar, le maïs, l'œuf et la farine de maïs. Ajouter un peu plus de farine de maïs au besoin et vérifier l'assaisonnement.

3. Au dernier moment, comme dans les restaurants rapides, préchauffer le four à 95 °C (200 °F). Dans une poêle, chauffer un filet d'huile et la moitié du beurre à feu moyen-élevé. Déposer la préparation par grosses cuillérées pour faire 6 croquettes, en utilisant à peu près la moitié de la préparation. Saisir les croquettes de chaque côté et laisser chauffer à feu doux jusqu'à ce que ce soit bien chaud. Réserver au chaud, au four. Répéter les opérations pour cuire les 6 autres croquettes. Servir accompagné de sauce moutarde-miel.

Suggestion:
Accompagner d'une salade ou de légumes verts de saison.

Train de tofu et de tomates cerises

4 PORTIONS

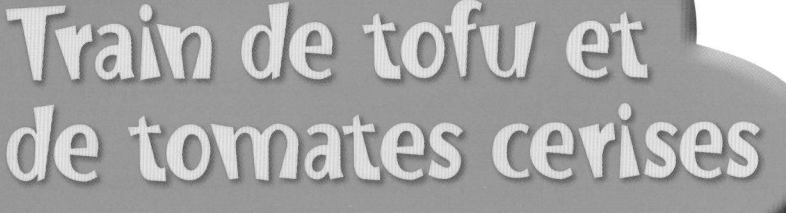

- 80 ml (⅓ tasse) de pesto de tomates séchées
- 1 gousse d'ail hachée finement
- 2 c. à soupe de vinaigre balsamique
- 2 c. à soupe de moutarde de Dijon
- 2 c. à soupe d'huile d'olive
- 360 g (12 oz) de tofu ferme
- 20 tomates cerises
- Sel de mer et poivre du moulin

Voici comment fabriquer un train de marchandises rempli de tofu et de tomates cerises.

1. Dans un bol en verre, mélanger le pesto, l'ail, le vinaigre, la moutarde et l'huile. Couper le bloc de tofu en 24 cubes. Ajouter les cubes à la marinade et faire mariner au réfrigérateur au moins 8 heures ou jusqu'au lendemain.

2. Faire tremper les brochettes de bambou de 2 à 3 heures dans l'eau. Enfiler sur les brochettes les cubes de tofu et les tomates, en alternant de manière à former des wagons.

3. Pour faire les locomotives, tailler quatre cubes de tofu plus gros que les autres et les placer à l'extrémité de chacune des brochettes. Saler et poivrer.

4. Préchauffer le barbecue à feu élevé, huiler la grille, puis baisser à feu moyen. Cuire les brochettes jusqu'à ce que le tofu soit bien doré et croustillant. Déposer deux moitiés de tomates cerises sur chacune des locomotives à mi-cuisson. Retourner les brochettes pendant la cuisson.

Tchou! tchou!

Variante: Faire cuire les brochettes sur la cuisinière, dans une poêle en fonte striée. Pour une cuisson au four, préchauffer le four à 190 °C (375 °F). Déposer les brochettes sur une plaque recouverte de papier parchemin. Cuire au four 5 minutes, puis retourner les brochettes et poursuivre la cuisson de 3 à 4 minutes.

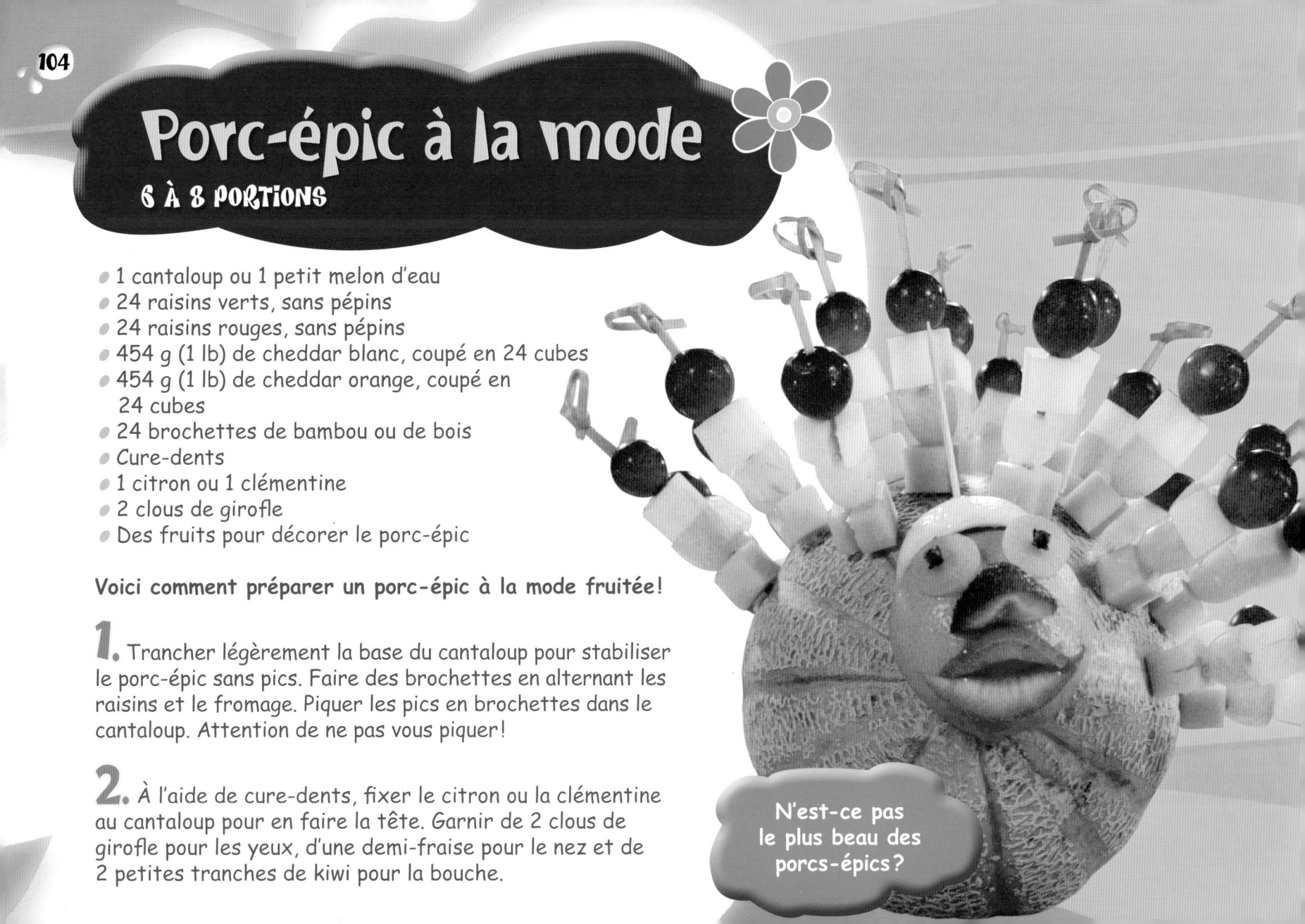

Porc-épic à la mode

6 À 8 PORTIONS

- 1 cantaloup ou 1 petit melon d'eau
- 24 raisins verts, sans pépins
- 24 raisins rouges, sans pépins
- 454 g (1 lb) de cheddar blanc, coupé en 24 cubes
- 454 g (1 lb) de cheddar orange, coupé en 24 cubes
- 24 brochettes de bambou ou de bois
- Cure-dents
- 1 citron ou 1 clémentine
- 2 clous de girofle
- Des fruits pour décorer le porc-épic

Voici comment préparer un porc-épic à la mode fruitée!

1. Trancher légèrement la base du cantaloup pour stabiliser le porc-épic sans pics. Faire des brochettes en alternant les raisins et le fromage. Piquer les pics en brochettes dans le cantaloup. Attention de ne pas vous piquer!

2. À l'aide de cure-dents, fixer le citron ou la clémentine au cantaloup pour en faire la tête. Garnir de 2 clous de girofle pour les yeux, d'une demi-fraise pour le nez et de 2 petites tranches de kiwi pour la bouche.

N'est-ce pas le plus beau des porcs-épics?

Spa aux crudités

TREMPETTE AUX TOMATES SÉCHÉES

- 125 ml (½ tasse) de fromage quark
- 125 ml (½ tasse) de crème sure
- 60 ml (¼ tasse) de mayonnaise
- 1 c. à soupe de sirop d'érable ou de miel
- 1 petite gousse d'ail écrasée au presse-ail ou hachée finement
- 3 c. à soupe de pesto de tomates séchées
  - Sel de mer
    - Crudités : concombres libanais, fenouil, poivrons de différentes couleurs, carottes, brocoli, céleri, etc.

Voici comment préparer un spa zen pour vos légumes.

Dans un bol, à l'aide d'un fouet, mélanger le fromage, la crème sure et la mayonnaise. Saler, ajouter tous les autres ingrédients et bien mélanger. Servir avec les crudités.

TREMPETTE À L'ÉRABLE ET À LA MOUTARDE

- 125 ml (½ tasse) de fromage quark
- 80 ml (⅓ tasse) de crème sure
- 60 ml (¼ tasse) de mayonnaise
- 1 c. à soupe de sirop d'érable ou de miel
- 1 c. à soupe de moutarde douce
- 1 c. à soupe de moutarde à l'ancienne
- 1 c. à soupe de ciboulette
- Sel de mer
- Crudités : concombres libanais, fenouil, poivrons de différentes couleurs, carottes, brocoli, céleri, etc.

Voici comment préparer un spa vivifiant pour vos légumes.

Dans un bol, à l'aide d'un fouet, mélanger le fromage, la crème sure et la mayonnaise. Saler, ajouter tous les autres ingrédients et bien mélanger. Servir avec les crudités.

Suggestion : Amusez-vous à faire des présentations de toutes les formes et couleurs !

Bon spa!

Usine à barres tendres

24 À 36 BARRES

- 375 ml (1 ½ tasse) de flocons de kamut et/ou d'avoine
- 60 ml (¼ tasse) de graines de lin, moulues
- 125 ml (½ tasse) de farine de kamut
- 2 c. à café (2 c. à thé) de poudre à pâte
- 175 ml (¾ tasse) de graines de tournesol
- 375 ml (1 ½ tasse) d'amandes moulues
- 250 ml (1 tasse) de noisettes hachées grossièrement
- 330 ml (1 ⅓ tasse) de canneberges séchées, hachées grossièrement
- 125 ml (½ tasse) de beurre de noisette ou de beurre d'arachide naturel*
- 60 ml (¼ tasse) d'huile de tournesol ou végétale
- 310 ml (1 ¼ tasse) de miel
- 1 œuf

* La version avec le beurre d'arachide est tout aussi savoureuse. Choisir un beurre naturel qui ne contient pas de gras hydrogéné ni de sucre.

106

Pour les meilleures barres tendres, fraîchement sorties de votre usine! Voilà un beau travail d'équipe!

Pour préparer ces barres tendres, placez-vous en équipe comme dans une usine.

1. Préchauffer le four à 160 °C (325 °F). Dans un grand bol, mélanger les huit premiers ingrédients. Dans un petit bol, à l'aide d'un fouet, mélanger le beurre de noisette ou d'arachide, l'huile et le miel. Ajouter l'œuf et bien mélanger jusqu'à ce que ce soit homogène. Incorporer les ingrédients liquides aux ingrédients secs.

2. Huiler une plaque de cuisson de 40 X 30 cm (16 X 12 po) et recouvrir de papier parchemin en pressant pour faire adhérer le papier à la plaque. Verser la préparation en pressant fermement à l'aide d'une spatule de caoutchouc humectée d'eau ou avec les mains.

3. Faire cuire au centre du four de 30 à 35 minutes. Déposer sur une grille, puis laisser reposer environ 1 heure avant de couper en barres. Les barres peuvent être conservées dans un récipient métallique à la température ambiante jusqu'à une semaine.

Note: Ces barres tendres se congèlent bien.

Pitas-chips à l'égyptienne

60 CROUSTILLES

Bon voyage!

- 2 c. à café (2 c. à thé) de graines de cumin
- 2 c. à café (2 c. à thé) de graines de coriandre
- ⅛ c. à café (⅛ c. à thé) de paprika
- ¼ c. à café (¼ c. à thé) de sel de mer
- 80 ml (⅓ tasse) d'huile d'olive
- 5 pains pitas de 15 cm (6 po) de diamètre

Voici comment faire voyager des pitas-chips jusqu'en Égypte!

1. Préchauffer le four à 180 °C (350 °F). Au mortier, moudre les graines de cumin et de coriandre. Dans un petit bol, mélanger les épices moulues, le paprika, le sel et l'huile.

2. Ouvrir les pitas en deux. À l'aide d'un pinceau, badigeonner l'intérieur d'huile épicée. Ajouter un peu d'huile au besoin.

3. Couper les pitas en 6 pointes, puis les disposer sur une plaque de cuisson sans les superposer. Cuire au four de 10 à 12 minutes ou jusqu'à ce que les chips soient dorées et croustillantes. Refroidir sur une grille. Conserver à la température ambiante dans une boîte métallique.

- 1 gousse d'ail écrasée au presse-ail ou hachée finement
- 80 ml (⅓ tasse) d'huile d'olive
- 1 c. à soupe de ciboulette ciselée
- 1 c. à soupe de persil frais, haché finement
- ¼ c. à café (¼ c. à thé) de sel de mer
- Poivre du moulin
- 5 pains pitas de 15 cm (6 po) de diamètre

Voici comment faire voyage des pitas-chips jusqu'en France!

Pitas-chips à la française
60 CROUSTILLES

Bon voyage!

1. Préchauffer le four à 180 °C (350 °F). Dans un petit bol, mélanger l'ail, l'huile, la ciboulette, le persil et le sel. Poivrer et bien mélanger.

2. Ouvrir les pitas en deux. À l'aide d'un pinceau, badigeonner l'intérieur d'huile épicée. Ajouter un peu d'huile au besoin.

3. Couper les pitas en 6 pointes, puis les disposer sur une plaque de cuisson sans les superposer. Cuire au four de 10 à 12 minutes ou jusqu'à ce que les chips soient dorées et croustillantes. Refroidir sur une grille. Conserver à la température ambiante dans une boîte métallique.

- Crème glacée à la vanille
- Biscuits au gingembre (*ginger snaps*) ou autres biscuits minces
- Brisures de chocolat, smarties ou autres bonbons
- Amandes
- Réglisse rouge
- Bâtons de cannelle
- Petits cornets pointus

Bonhomme de neige en crème glacée

Bon bonhomme de neige!

Voici un bonhomme de neige que l'on peut faire même sans neige.

1. Utiliser une petite cuillère à crème glacée (n° 30). Placer un biscuit sur une assiette et y déposer une boule de crème glacée. Couvrir d'un autre biscuit et y déposer une deuxième boule de crème glacée. Recouvrir d'un autre biscuit et terminer avec une troisième boule de crème glacée.

2. Décorer de brisures de chocolat pour les yeux, d'une moitié d'amande pour le nez et d'un bout de réglisse pour la bouche. Planter deux petits bouts de cannelle de chaque côté pour les bras. Terminer en déposant un cornet à l'envers sur la tête du bonhomme de neige. Servir aussitôt.

Note : Façonner les boules de crème glacée quelques heures à l'avance et les conserver au congélateur sur une plaque recouverte de papier parchemin. Les bonshommes fondront moins vite!

Smoothie au tourbillon tropical

2 PORTIONS

- 375 ml (1 ½ tasse) de morceaux de mangues fraîches ou surgelées
- 250 ml (1 tasse) de tofu mou (soyeux)
- 250 ml (1 tasse) de jus d'orange
- 125 ml (½ tasse) de lait de coco léger
- 1 à 2 c. à soupe de sucre fin, au goût
- 1 c. à café (1 c. à thé) de pollen (facultatif)

**Voici comment préparer
un smooooothie à saveur tropicale!**

1. Premièrement, apprendre à dire smooooooothie de façon germainesque : smooooooothie!

2. Ensuite, réduire le tout au mélangeur électrique. Servir aussitôt dans deux grands verres.

Bon
smoooooothie!

Boules d'amour au chocolat

ENVIRON 20 BOULES

- 125 ml (½ tasse) de crème à cuisson 15 %
- 1 c. à soupe de beurre
- Zeste des ¾ d'une orange, râpé finement
- 210 g (7 oz) de chocolat mi-amer, haché
- Cacao pour saupoudrer ou chocolat fondu

Voici comment préparer et donner de l'amour autour de vous.

1. Dans une petite casserole, porter la crème, le beurre et le zeste d'orange à ébullition. Dans un bol, verser la crème sur le chocolat et mélanger délicatement, juste ce qu'il faut pour que le chocolat soit fondu. Placer au réfrigérateur de 20 à 25 minutes, en remuant aux 10 minutes. La préparation doit être juste assez prise pour se manipuler facilement avec les mains. Si elle durcit trop, la faire chauffer quelques secondes au four à micro-ondes.

2. À l'aide de deux cuillères à soupe, déposer des quantités de préparation sur un papier ciré. Vous devriez obtenir environ 20 truffes. Saupoudrer vos mains de cacao, puis rouler les truffes entre vos deux paumes pour obtenir des boules bien rondes. Les laisser refroidir environ 30 minutes.

Des boules d'amour à offrir à ceux qu'on aime!

3. Rouler les truffes dans le cacao ou les tremper dans du chocolat fondu. Conserver au réfrigérateur dans une boîte hermétique.

Variantes: Vous pouvez remplacer le zeste d'orange par le zeste d'un citron ou d'une lime.

Lait de poc-poc
aux fruits

- 250 ml (1 tasse) de lait
- 1 œuf
- 1 à 2 c. à soupe de sirop d'érable
- 125 ml (½ tasse) de fruits des champs frais ou surgelés

Voici comment préparer un lait de poule qui fait poc-poc, comme une poule!

1. Réduire tous les ingrédients au mélangeur électrique.

2. Verser dans une passoire pour retirer les graines des fruits et servir aussitôt dans un grand verre.

Bon poc-poc!

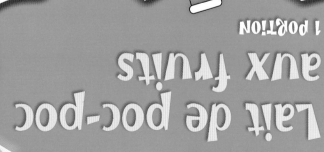

114

Banquise au yogourt

ENVIRON 10 À 12 PORTIONS

Hummm... Une belle banquise pour vous rafraîchir!

- 250 ml (1 tasse) de bleuets ou de fraises, frais ou surgelés
- 60 ml (¼ tasse) de sucre brut
- 500 ml (2 tasses) de yogourt à la vanille
- Contenants à sucettes glacées (*popsicles*)

Voici comment former une banquise au yogourt glacé.

1. Au mélangeur électrique, réduire en purée les fruits et le sucre. Ajouter le yogourt et pulser jusqu'à consistance homogène.

2. Verser dans des contenants à sucettes glacées et congeler au moins 6 heures. Servir sur un lit de glaçons broyés.

Variantes : Utiliser des framboises ou des mûres. Passer la préparation dans une fine passoire pour en retirer les graines. On peut aussi faire un mélange de fruits des champs.

Note : Vos bananes sont un peu trop mûres? Il ne faut pas hésiter à les ajouter au mélange de fruits!

Potion chaude aux pommes

4 PORTIONS

Grâce à moi, vous n'aurez plus froid! Bon hiver!

- 1 litre (4 tasses) de jus de pomme brut
- 2 petits bâtons de cannelle d'environ 4 cm (2 po), cassés en deux
- 2 clous de girofle
- 2 anis étoilés, cassés
- 1 capsule de cardamome, écrasée
- ¼ c. à café (¼ c. à thé) de noix de muscade râpée

Voici comment se préparer une bonne potion pour se garder au chaud durant l'hiver.

1. Dans une casserole, porter tous les ingrédients à ébullition. Laisser mijoter à feu doux 10 minutes, puis filtrer dans une fine passoire.

2. Brasser et servir aussitôt, ou verser dans des thermos pour une sortie extérieure en plein hiver!

Mojito des petits Brocoli

6 À 8 PORTIONS

- Jus et zeste finement râpé de 1 lime
- Feuilles de 6 tiges de menthe, hachées grossièrement
- 1 c. à soupe de miel
- 1 litre (4 tasses) de jus de canneberge blanche
- 250 ml (1 tasse) de melon miel coupé en dés
- 1 kiwi coupé en demi-tranches
- 250 ml (1 tasse) d'eau minérale pétillante
- Glaçons (facultatif)
- 1 carambole tranchée (facultatif)

Voici comment voyager à Cuba avec le mojito des petits Brocoli!

1. Dans un bol à punch ou un grand pichet, mélanger le jus et le zeste de lime, les feuilles de menthe, le miel et le jus de canneberge. Laisser macérer au réfrigérateur de 2 à 3 heures.

2. Filtrer dans une fine passoire, puis ajouter le melon miel, le kiwi et l'eau minérale. Servir bien froid dans des verres remplis de glaçons. Garnir de tranches de carambole.

Bon mojito!

Bonshommes du jour de l'An

ENVIRON 30 BISCUITS

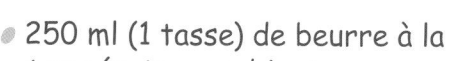

- 250 ml (1 tasse) de beurre à la température ambiante
- 175 ml (¾ tasse) de cassonade à l'ancienne
- 125 ml (½ tasse) de mélasse
- 1 œuf
- 250 ml (1 tasse) de farine d'avoine
- 750 ml (3 tasses) de farine non blanchie
- 2 c. à café (2 c. à thé) de bicarbonate de soude
- ¼ c. à café (¼ c. à thé) de sel
- 1 c. à café (1 c. à thé) de gingembre moulu
- ¼ c. à café (¼ c. à thé) de clou de girofle moulu
- ¼ c. à café (¼ c. à thé) de cannelle moulue
- Bonbons pour décorer

Bonne année ou bonne journée!

Pour fêter la nouvelle année, ou pour n'importe quelle journée, voici comment préparer des bonshommes en pain d'épices.

1. Préchauffer le four à 180 °C (350 °F). Dans un grand bol, à l'aide d'un batteur électrique, battre le beurre en crème. Ajouter la cassonade et battre jusqu'à ce que le mélange soit homogène. Incorporer la mélasse et l'œuf et battre de nouveau.

2. Dans un autre bol, mélanger tous les autres ingrédients (à l'exception des bonbons). Les ajouter aux ingrédients liquides en mélangeant à la cuillère. Façonner en deux galettes, couvrir de pellicule plastique et réfrigérer au moins 1 heure ou toute la nuit*.

3. Sur un plan de travail enfariné, abaisser la pâte à environ 0,5 cm (¼ po) d'épaisseur. La tailler à l'aide d'emporte-pièces en forme de bonshommes et couper de beaux chapeaux pointus à l'aide d'un couteau.

4. Déposer sur une plaque de cuisson recouverte de papier parchemin. Cuire au four de 12 à 15 minutes. Laisser refroidir sur une grille, puis conserver dans une boîte hermétique à la température ambiante.

* Si la pâte a été préparée la veille, la sortir du réfrigérateur au moins 1 heure avant de l'abaisser.

Le gingembre à tout faire

Germaine était une vraie fanatique du **gingembre**. Elle croyait, avec raison, que la racine asiatique était bonne à toutes les sauces. Seul petit problème, Germaine passait son temps à le chercher. Elle s'en servait tellement partout qu'elle le rangeait chaque fois à un endroit différent. Comme elle adorait parfumer ses soupes asiatiques de **gingembre**, elle le rangeait parfois dans sa cuisine. Mais comme elle s'en servait aussi pour guérir ses rhumes, elle le mettait très souvent dans son nénuphar de pharmacie. Germaine avait beau avoir la palme marine, il lui arrivait tout de même d'avoir le mal de mer sur son bateau et de se guérir la verdure avec du **gingembre** en un rien de temps. Et quand elle était de retour à son nénuphar après une belle journée sur son embarcation et qu'elle cherchait encore son **gingembre** pour en mettre dans sa verveine, elle s'écriait: «Qui a pris mon **gingembre**?» Après avoir réveillé le lac Fontaine au grand complet plus d'une fois, ses voisines lui offrirent une bourse à **gingembre** pour que celui-ci la suive partout. Le lac put enfin dormir tranquille et Germaine fut toujours accompagnée de son **gingembre** à tout faire.

Maïs soufflé maison

6 PORTIONS

- ½ c. à café (½ c. à thé) de poudre de chili
- ½ c. à café (½ c. à thé) de cumin torréfié et écrasé au mortier
- ¼ + ⅛ c. à café (¼ + ⅛ c. à thé) de sel de mer
- Zeste de 1 lime, râpé finement
- 2 c. à soupe de coriandre fraîche, hachée
- 2 c. à soupe d'huile d'olive
- 125 ml (½ tasse) de grains de maïs à éclater
- 2 à 3 c. à soupe de beurre fondu

Voici comment préparer le meilleur maïs soufflé pour une soirée cinéma!

1. Dans un petit bol, mélanger la poudre de chili, le cumin, le sel, le zeste de lime et la coriandre. Réserver.

2. Dans une grande casserole à fond épais, chauffer l'huile et 5 ou 6 grains de maïs à feu moyen-élevé. Dès que les grains de maïs commencent à éclater, ajouter les autres grains. Couvrir et cuire, en brassant continuellement la casserole, 4 à 6 minutes ou jusqu'à ce que les grains aient tous éclaté.

3. Retirer du feu et laisser à couvert environ 1 minute, car quelques grains continueront à éclater. Ajouter le beurre et les épices, et mélanger rapidement afin de bien enrober le tout.

Truc: Torréfier une épice

Mettre l'épice dans une poêle et chauffer à feu moyen en brassant régulièrement jusqu'à ce qu'elle soit légèrement dorée. On peut sentir l'odeur de l'épice lorsqu'elle est prête.

Bon cinéma!

121

Poussins à la noix de coco

12 PORTIONS

- 125 ml (½ tasse) de beurre à la température ambiante
- 175 ml (¾ tasse) de sucre brut
- 2 œufs
- ½ c. à café (½ c. à thé) d'extrait d'amandes
- 250 ml (1 tasse) de farine non blanchie
- 125 ml (½ tasse) de farine d'épeautre
- ¼ c. à café (¼ c. à thé) de sel de mer
- ½ c. à café (½ c. à thé) de poudre à pâte
- ½ c. à café (½ c. à thé) de bicarbonate de soude
- 125 ml (½ tasse) de lait
- Caissettes en papier pour la cuisson
- Garniture : glaçage à la vanille auquel il faudra ajouter quelques gouttes de colorant jaune, noix de coco râpée et rôtie, amandes, abricots ou dattes, bonbons ou canneberges séchées.

Avec beaucoup d'attention, telle une mère poule, voici comment préparer des poussins à la noix de coco.

1. À l'aide d'un batteur électrique, mélanger le beurre et le sucre dans un grand bol jusqu'à ce que le mélange blanchisse. Ajouter les œufs un à la fois en battant continuellement. Verser l'extrait d'amandes et bien mélanger.

2. Préchauffer le four à 180 °C (350 °F). Dans un autre bol, mélanger les farines, le sel, la poudre à pâte et le bicarbonate. Incorporer à la préparation aux œufs en alternant avec le lait et en finissant par le mélange d'ingrédients secs.

3. Déposer les caissettes en papier dans les moules à muffins et y répartir la préparation en remplissant aux trois quarts. Cuire environ 12 minutes au four ou jusqu'à ce qu'un cure-dents inséré dans un petit gâteau en ressorte propre. Laisser refroidir sur une grille.

4. Déballer les cupcakes, les retourner à l'envers, puis les couvrir de glaçage jaune en prenant soin d'en mettre davantage sur le dessus pour former un petit dôme qui fera office de tête. Couvrir de noix de coco râpée en la pressant sur le glaçage pour la faire tenir. Décorer de bonbons ou de canneberges séchées pour les yeux, d'une amande pour le nez, et d'abricots ou de dattes coupés pour les pattes.

Voilà votre nouvelle famille de petits poussins!

Sangria des petits Brocoli

6 À 8 PORTIONS

- 3 oranges
- 2 c. à soupe de sirop d'érable
- 1 litre (4 tasses) de jus de canneberge rouge
- 2 bâtons de cannelle, cassés en deux
- 125 ml (½ tasse) de raisins verts ou rouges, coupés en deux
- 1 pomme rouge, évidée et émincée
- Glaçons
- Quelques fraises (facultatif)

Idéal pour une fête d'enfants! Bonne sangria!

Le lac rouge

C'était la fin des récoltes un peu partout autour du lac Fontaine. Les derniers fruits de la terre devaient être cueillis avant l'arrivée de l'hiver. La chef des canneberges passait à toutes les plantes du champ pour s'assurer que le plan d'évacuation prévu pour le lendemain avait bien été compris par tous les fruits. Chaque canneberge portait sa ceinture de flottaison et était prête pour le grand jour. Le matin suivant, le champ fut inondé par ses propriétaires et transformé en un immense lac. Les grenouilles des alentours se rassemblèrent rapidement pour assister au spectacle. Le champ de canneberges inondé se transforma rapidement en un magnifique lac rouge. Toutes les canneberges quittèrent leur plante et se mirent à flotter comme prévu, avec leurs flotteurs. Les grenouilles en perdirent presque leur verdure tant le rouge du lac les éblouissait. Les canneberges furent pêchées à l'aide d'un filet par leurs cultivateurs et le spectacle devint de plus en plus populaire année après année.

Voici comment préparer une délicieuse boisson pour les soirées mondaines!

1. Presser le jus de 2 oranges et verser dans un grand pichet ou un bol à punch. Ajouter le sirop d'érable, le jus de canneberge et la cannelle, et bien mélanger. Incorporer les raisins, la pomme et la troisième orange, coupée en quartiers puis émincée. Laisser macérer le tout de 2 à 3 heures.

2. Au moment de servir, garnir chaque verre de glaçons, d'un zeste d'orange et d'une fraise.

Virevents aux abricots

ENVIRON 24 BISCUITS

- 454 g (1 lb) de pâte brisée, maison ou du commerce
- 60 ml (¼ tasse) de confiture d'abricots, de framboises ou autre
- 1 jaune d'œuf
- 1 c. à soupe d'eau
- 1 c. à café (1 c. à thé) de sucre brut
- 60 ml (¼ tasse) de fromage à la crème
- 1 c. à café (1 c. à thé) de sucre à glacer

Vos virevents sont prêts à tourner... dans votre bouche!

Voici comment préparer des virevents aux abricots qui auront besoin de vent.

1. Préchauffer le four à 190 °C (375 °F). Abaisser la pâte à 2 ou 3 mm (⅛ po) d'épaisseur et la découper en carrés d'environ 8 cm (3 po). Faire des entailles à partir des quatre coins de chaque carré sans aller jusqu'au centre de la pâte.

2. Mettre les carrés sur une plaque de cuisson recouverte de papier parchemin. Déposer ½ cuillérée de confiture au centre de chaque carré de pâte et replier les quatre coins vers le centre du carré, en prenant soin de plier un coin sur deux afin d'obtenir la forme d'un virevent.

3. Dans un petit bol, mélanger à la fourchette le jaune d'œuf et l'eau. Badigeonner chaque carré de pâte de cette dorure. Saupoudrer de sucre. Cuire au four pendant 10 minutes ou jusqu'à ce que les virevents soient cuits et légèrement dorés. Laisser refroidir sur une grille.

4. Dans un bol, faire du vent à l'aide d'un batteur électrique et mélanger le fromage à la crème et le sucre à glacer. Déposer une petite quantité de la grosseur d'une perle au centre de chaque virevent.

LES DESSERTS

Citrouille à la potion magique

4 PORTIONS

Pas besoin d'être une sorcière pour réussir une potion magique! Joyeuse Halloween!

- 4 petites citrouilles ou 4 petites courges cœur d'or d'environ 12 cm (4 ½ po) de diamètre OU 4 ramequins en céramique de 10 cm (4 po) de diamètre et d'environ 2 cm (1 po) de hauteur
- 4 jaunes d'œufs
- 60 ml (¼ tasse) de sucre brut
- ¼ c. à café (¼ c. à thé) d'extrait de vanille
- ½ c. à café (½ c. à thé) de noix de muscade moulue
- 250 ml (1 tasse) de crème 35 %
- 125 ml (½ tasse) de purée de courge musquée, de courge Hubbard ou de citrouille*

Voici la recette secrète pour vous faire une bonne citrouille à la potion magique.

1. Couper légèrement la base de chacune des citrouilles ou courges afin qu'elles soient stables. Couper ensuite le chapeau à environ le tiers. Vider la cavité des graines et des fibres.

2. Préchauffer le four à 150 °C (300 °F). Dans un bol, à l'aide d'un batteur électrique, battre les jaunes d'œufs, le sucre, la vanille et la muscade jusqu'à ce que la préparation soit de couleur pâle et légèrement mousseuse. Incorporer la crème. Ajouter la purée et bien mélanger.

Les courges fantômes

'Halloween arrivait à grands pas. Les champs orangés étaient bondés d'enfants. Les courges montraient leur plus beau côté, espérant être choisies par un petit monstre pour trôner fièrement sur son perron le grand soir venu. La plupart des citrouilles trouvèrent rapidement preneur, tandis qu'aucune des courges musquées, qui étaient pourtant leurs voisines, ne fut adoptée. Leurs chances d'être déguisées comme leurs cousines les citrouilles leur semblaient bien minces. Ce que les courges ignoraient, c'est qu'elles avaient toutes été réservées par l'épicier du coin qui avait comme projet d'en faire le plus gros biscuit au monde pour recevoir les petits monstres. Le matin de la grande fête, les courges musquées furent toutes cueillies et transportées dans la cuisine de l'épicier. Le moral des troupes orange était à son meilleur! Les courges étaient impatientes de voir leur beau déguisement. Le soir, les rues furent remplies de petits monstres et chacun d'eux put goûter au meilleur et au plus gros biscuit en forme de fantôme du monde. Les courges musquées eurent, cette année-là, le déguisement le plus populaire. Houuuuuuu...

3. Verser le mélange dans les citrouilles, les courges ou les ramequins et déposer dans une lèchefrite. Verser de l'eau chaude dans la lèchefrite jusqu'à environ 1 cm (½ po) de hauteur. Cuire de 1 h 30 à 1 h 45 pour les citrouilles et les courges OU pendant 45 minutes pour les ramequins, jusqu'à ce que le dessus de la crème soit ferme au toucher.

4. Laisser refroidir sur une grille, couvrir puis réfrigérer. Au moment de servir, saupoudrer les crèmes de sucre pour couvrir le dessus de chacune d'elles, et faire caraméliser le sucre à l'aide d'une torche à souder ou au four sous le gril.

* Purée de courge
Couper les deux extrémités de la courge, puis couper la courge en deux dans le sens de la longueur. À l'aide d'une cuillère à soupe, gratter l'intérieur pour retirer les graines et les fibres. Peler la courge et la couper en cubes d'environ 3 cm (1 ½ po). Mettre dans une marguerite ou un panier vapeur et cuire de 10 à 12 minutes ou jusqu'à ce que la chair soit tendre. Déposer les morceaux dans le récipient du robot culinaire et pulser jusqu'à l'obtention d'une purée lisse et homogène. On peut aussi utiliser de la purée de citrouille en conserve.

Cupcakes de la Florida

12 PORTIONS

- 125 ml (½ tasse) d'huile d'olive
- 175 ml (¾ tasse) de jus d'orange
- Zeste de 1 orange, râpé finement
- 80 ml (⅓ tasse) de graines de pavot
- 3 œufs
- 175 ml (¾ tasse) de sucre brut
- 500 ml (2 tasses) de farine non blanchie
- 1 c. à café (1 c. à thé) de poudre à pâte
- 60 ml (¼ tasse) de graines de lin moulues
- ¼ c. à café (¼ c. à thé) de sel

Bonne Florida!
You'll love it! Hi! hi!

Voici comment préparer des cupcakes à l'orange comme en Floride! Adoptez l'anglais, le temps de faire votre recette pour un voyage en Florida des plus amusants! *Have fun!*

1. Dans un bol, mélanger l'huile d'olive, le jus d'orange de la Florida, le zeste et les graines de pavot. Laisser reposer 1 heure à la température ambiante.

2. Préchauffer le four à 180 °C (350 °F). À l'aide d'un batteur électrique, battre les œufs et le sucre jusqu'à ce que la préparation blanchisse.

3. Dans un autre bol, mélanger la farine, la poudre à pâte, les graines de lin et le sel. Incorporer en alternant les ingrédients liquides et les ingrédients secs aux œufs, en finissant par les ingrédients secs.

4. Verser la préparation dans les moules à muffins recouverts de moules en papier ou préalablement beurrés et farinés. Cuire au centre du four de 25 à 30 minutes ou jusqu'à ce qu'un cure-dents inséré au centre des gâteaux en ressorte propre. Si désiré, passer sous le gril pour faire dorer. Laisser refroidir sur une grille.

375 ml (1 ½ tasse) de farine non blanchie

250 ml (1 tasse) de farine de kamut

1 c. à soupe de poudre à pâte

1 c. à café (1 c. à thé) de bicarbonate de soude

1 c. à café (1 c. à thé) de cannelle moulue

½ c. à café (½ c. à thé) de muscade moulue

¼ c. à café (¼ c. à thé) de sel

250 ml (1 tasse) de pacanes concassées

3 œufs

310 ml (1 ¼ tasse) de cassonade à l'ancienne

250 ml (1 tasse) d'huile de tournesol

4 petites betteraves crues, pelées et râpées
(environ 500 ml/2 tasses)

Gâteaux aux rubis rouges

ENVIRON 16 GÂTEAUX

Prenez soin de ces précieux gâteaux en les dégustant tranquillement!

Voici comment préparer des gâteaux avec des betteraves précieuses comme des rubis.

1. Préchauffer le four à 180 °C (350 °F). Dans un grand bol, mélanger les farines, la poudre à pâte, le bicarbonate, la cannelle, la muscade, le sel et les pacanes.

2. Dans un autre bol, battre les œufs et la cassonade. Ajouter l'huile et les rubis rouges (betteraves). Incorporer les ingrédients secs aux ingrédients liquides, sans trop mélanger.

3. Répartir la préparation dans les moules à muffins recouverts de moules en papier ou préalablement beurrés et farinés. Cuire au centre du four de 20 à 25 minutes ou jusqu'à ce qu'un cure-dents inséré au centre des gâteaux en ressorte propre. Laisser refroidir sur une grille.

Truc: Des moules amusants
Utiliser des moules en silicone de toutes sortes de formes amusantes.

La mine de madame Rubis

Chaque été, c'était la même histoire. Madame Rubis, une habitante du lac Fontaine, passait la saison à surveiller son jardin comme si elle y cachait quelque chose de précieux. Un jour, une grenouille que vous connaissez bien décida d'aller faire un tour chez madame Rubis pour en savoir plus sur son mystérieux potager. La dame l'invita à aller faire un tour dans sa mine de pierres précieuses. «Des pierres précieuses?» demanda la verte grenouille. La gardienne du jardin lui répondit qu'il s'agissait de rubis rouges communément appelés des betteraves. La grenouille, qui était aussi cuisinière, éclata de rire. Madame Rubis revint vite à la charge, expliquant que les betteraves étaient riches en vitamines et en fer et qu'elles étaient remplies de bonnes choses pouvant même aider à guérir ou à prévenir des maux. La verte cuisinière retourna au village en annonçant à tous qu'elle était riche grâce à une mine de pierres précieuses. Cet été-là, même les recettes de gâteau furent enrichies de betteraves!

Volcan à la fraise et à la rhubarbe

ENVIRON 1 LITRE (4 TASSES)

- 750 ml (3 tasses) de fraises, lavées et coupées en quatre
- 750 ml (3 tasses) de rhubarbe, lavée et coupée en morceaux d'environ 1,5 cm (¾ po)
- 175 ml (¾ tasse) de sucre brut
- Graines de 1 gousse de vanille ou 1 c. à café (1 c. à thé) d'extrait de vanille

Pour le volcan

- Cornets de glace à fond plat
- Yogourt glacé ou crème glacée à la vanille

Le barbier de la rue Barbe

Sachant qu'elle était prête à être dégustée, la **rhubarbe** se cherchait quelqu'un pour couper sa grosse barbe verte qui n'était pas comestible. Lors de sa promenade à la recherche du tailleur idéal, elle fut fort amusée quand elle lut le nom d'une rue: «La rue Barbe? J'adore!» pensa la **rhubarbe** barbue! Elle décida de tourner sur sa rue. Une enseigne bleu, blanc et rouge, tournant sur elle-même, attira son regard. Elle put y lire juste au-dessus: «Le barbier de la rue Barbe.» La **rhubarbe** s'y rendit en un seul coup de tige. Elle entra à l'intérieur et demanda au barbier de lui couper la barbe. L'homme, étonné de sa demande, lui dit qu'il avait l'habitude de couper les cheveux des hommes et de leur faire la barbe, mais qu'il n'avait jamais taillé la barbe à une **rhubarbe**. La **rhubarbe** lui répondit que la barbe d'une **rhubarbe** n'était vraiment pas compliquée à couper puisqu'il fallait lui faire la barbe au complet. Le barbier prit ses ciseaux et coupa la grosse feuille verte de la **rhubarbe**. La nouvelle cliente fut instantanément satisfaite de sa coupe. Par la suite, le barbier eut toujours un bon plat de **rhubarbe** surette, bien rasée, pour recevoir ses nombreux clients.

Voici comment faire un volcan de fruits en éruption, dans votre assiette.

1. Pour la lave: Dans une grande casserole, à feu moyen-élevé, mélanger tous les ingrédients et porter à ébullition en brassant régulièrement. Baisser à feu moyen et laisser mijoter la lave en fusion pendant 10 minutes. Laisser refroidir.

2. À l'aide d'un couteau denteté, scier doucement la moitié de la plus petite partie des cornets. Déposer l'autre moitié à l'envers sur une boule de crème glacée. Ajouter la lave dans le cratère du volcan ainsi formé et laisser couler la lave sur les côtés.

Suggestion: Cette compote est aussi excellente avec des croissants ou des rôties le matin.

Pour une éruption des plus savoureuses! Bon appétit!

Poire Belle-Germaine

6 PORTIONS

- 6 poires fermes, Bosc ou autre
- Jus de 1 citron
- 1,5 litre (6 tasses) d'eau ou plus
- 125 ml (½ tasse) de sucre brut
- Environ 330 g (11 oz) de chocolat amer, haché
- 60 ml (¼ tasse) de crème 15 %
- 500 ml (2 tasses) de yogourt glacé à la vanille

Voici comment préparer le plus beau des desserts!

1. Peler les poires entières en conservant la queue. Couper légèrement la base et, à l'aide d'une cuillère parisienne ou d'un petit couteau, retirer le cœur des poires. Les arroser de jus de citron.

2. Dans une casserole moyenne, verser l'eau et ajouter le sucre. Porter à ébullition. Baisser à feu doux et y déposer les poires debout. Les poires devraient être recouvertes de liquide; ajouter de l'eau au besoin. Déposer un papier parchemin sur le dessus pour empêcher les poires de noircir. Couvrir et cuire pendant 20 minutes.

3. Retirer la casserole du feu, laisser refroidir les poires dans le sirop et réserver 125 ml (½ tasse) de sirop de cuisson. Placer les poires dans leur sirop au réfrigérateur. Disposer six coupes individuelles au congélateur pendant 30 minutes pour les faire refroidir.

4. Juste avant de servir, faire fondre le chocolat au bain-marie, puis incorporer la crème et le sirop de cuisson des poires réservé. Lorsque la sauce est homogène, la retirer du bain-marie.

5. Servir les poires pochées accompagnées de yogourt glacé dans les coupes à dessert et arroser de sauce au chocolat.

Voilà des poires presque aussi belles que Germaine!

139

Poterie au chocolat pour canneberges

6 PORTIONS

- 180 g (6 oz) de chocolat à 70 %, haché grossièrement
- 175 ml (¾ tasse) de beurre
- 3 œufs
- 175 ml (¾ tasse) de sucre brut
- 250 ml (1 tasse) de farine non blanchie
- 80 ml (⅓ tasse) de cacao tamisé
- Une pincée de sel de mer
- 90 g (3 oz) de chocolat blanc, haché grossièrement
- 250 ml (1 tasse) de canneberges séchées

Décoration :

- 125 ml (½ tasse) de canneberges séchées
- Feuilles de menthe

Voici comment préparer de la terre, pour faire un beau plat à canneberges au chocolat.

Une belle poterie à déguster qui impressionnera tous vos invités!

1. Au four à micro-ondes ou au bain-marie, faire fondre le chocolat et le beurre. À l'aide d'un batteur électrique ou d'un fouet, battre les œufs et le sucre jusqu'à ce que la préparation blanchisse. Ajouter le chocolat fondu et bien mélanger à la spatule.

2. Préchauffer le four à 180 °C (350 °F). Dans un bol, mélanger la farine, le cacao et le sel. Incorporer à la préparation de chocolat fondu. Ajouter le chocolat blanc et les canneberges, et bien mélanger.

3. Beurrer et fariner un moule rond de 23 cm (9 po) et y verser la préparation. Fariner l'extérieur d'une petite assiette en aluminium, la placer au centre de la préparation et l'enfoncer. Votre terre est prête à être cuite.

4. Cuire environ 30 minutes au four, puis laisser refroidir complètement sur une grille. Enlever l'assiette en aluminium et mettre des canneberges dans le trou. Garnir d'une feuille de menthe.

Trottoir aux raisins

8 PORTIONS

- 300 g (10 oz) de pâte brisée, maison ou du commerce
- 1 œuf
- 1 c. à soupe d'eau
- 500 ml (2 tasses) de raisins rouges frais, lavés et coupés en quatre
- 60 ml (¼ tasse) de raisins secs sultanas
- 2 c. à soupe de cassonade à l'ancienne
- ½ c. à café (½ c. à thé) de cannelle moulue
- 2 c. à soupe de gelée de pommes ou de raisins

Une fois la construction terminée, dégustez votre trottoir!

Avis aux petits Brocoli qui aiment la construction : voici comment vous construire un trottoir.

1. Préchauffer le four à 190 °C (375 °F). Abaisser la pâte et foncer une plaque de cuisson antiadhésive de 33 X 23 cm (13 X 9 po). Séparer le blanc du jaune d'œuf et battre le blanc légèrement à l'aide d'une fourchette. Badigeonner le blanc d'œuf sur l'abaisse de pâte et piquer la pâte à l'aide d'une fourchette pour l'empêcher de lever à la cuisson. Cuire la base de trottoir au four pendant 10 minutes. Laisser tiédir.

2. Découper des lignes de trottoir d'environ 1 cm (½ po) de large dans le reste de la pâte. Réserver.

3. Mélanger le jaune d'œuf avec l'eau et en badigeonner le pourtour de l'abaisse.

4. Dans un bol, mélanger les raisins, la cassonade et la cannelle. Déposer le tout sur l'abaisse. Disposer les lanières de pâte parallèlement sur les raisins, puis badigeonner la pâte de jaune d'œuf. Disposer les autres lignes de trottoir de pâte en croisé, de façon à obtenir un quadrillage, et badigeonner de jaune d'œuf. Cuire au four de 18 à 20 minutes ou jusqu'à ce que la pâte soit cuite et légèrement dorée.

5. À la sortie du four, faire chauffer la gelée au four à micro-ondes ou dans une petite casserole à feu doux, puis en badigeonner le trottoir pour sceller le tout et obtenir un bel aspect lustré.

Potion de fée gelée à l'ananas

6 PORTIONS

- 500 ml (2 tasses) de jus d'ananas
- 80 ml (⅓ tasse) de miel
- 40 feuilles de menthe
- Fraises coupées en petits dés
- Feuilles de menthe fraîche

Servir en donnant un coup de baguette!

Voici comment préparer une potion gelée à l'ananas, exactement comme une fée la ferait. À vos fourchettes et à vos baguettes!

1. Dans une petite casserole, mélanger le jus d'ananas, le miel et la menthe. Porter à ébullition, puis éteindre le feu. Couvrir et laisser infuser 15 minutes.

2. Filtrer l'infusion dans une fine passoire en la versant dans un moule carré de 20 cm (8 po). Laisser tiédir, couvrir, puis mettre au congélateur pour 1 heure.

3. À l'aide d'une fourchette, mélanger la partie gelée (sur les pourtours du plat) avec la partie non gelée (au centre). Replacer le plat au congélateur pour environ 2 heures, en prenant soin de gratter à la fourchette toutes les 30 minutes, jusqu'à ce que le granité soit gelé et de texture granuleuse.

4. Conserver la potion de fée quelques heures au congélateur ou la servir aussitôt dans des verrines, garnie de dés de fraises et de feuilles de menthe.

Bagatelle classique aux framboises

4 PORTIONS

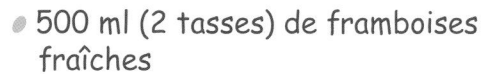

- 500 ml (2 tasses) de framboises fraîches
- 4 c. à café (4 c. à thé) de miel
- 425 ml (1 ¾ tasse) de yogourt 10 % m.g., nature
- Quelques gouttes d'extrait de vanille
- 500 ml (2 tasses) de biscuits meringues à la vanille, cassés
- 4 verres de 250 ml (1 tasse)
- 12 framboises pour décorer

Dégustez cette bagatelle classique en écoutant Mozart ou Beethoven! Hi! Hi!

Voici comment préparer une bagatelle, en écoutant de la musique classique pour un résultat délicat!

1. Dans un bol, écraser légèrement les framboises à la fourchette. Ajouter le miel et laisser reposer 30 minutes.

2. Dans un autre bol, verser le yogourt, la vanille et les ⅔ des framboises écrasées, en mélangeant juste ce qu'il faut pour obtenir un effet marbré.

3. Au moment de servir, répartir dans les 4 verres la purée de framboises réservée, superposer la moitié de la meringue, puis la moitié du yogourt aromatisé. Répéter ces étapes avec la meringue et le yogourt. Garnir des 12 framboises. Servir aussitôt pour profiter du croustillant de la meringue.

148

Sorbetière pas ordinaire

Sorbet aux fraises et à la menthe

- 454 g (1 lb) de fraises équeutées
- 125 ml (½ tasse) de sucre brut
- Jus de 1 citron
- 2 c. à soupe de menthe fraîche, hachée
- Demi-kiwis vidés et congelés, pour la présentation

Voici comment préparer des sorbets pas ordinaires.

1. Mettre les fraises, le sucre, le jus de citron et la menthe fraîche dans une casserole. Cuire à feu moyen jusqu'à ce que les fraises s'écrasent bien à la fourchette. Réduire la préparation en purée au mélangeur ou au robot culinaire. Passer au tamis pour enlever les graines, si désiré.

2. Verser la préparation dans un contenant bas et large et laisser au congélateur environ 2 heures. Passer au robot en l'actionnant par petits coups pour briser tous les cristaux; répéter l'opération deux fois. Remettre au congélateur de 6 à 8 heures, jusqu'à l'obtention d'un sorbet ferme.

Servez votre sorbet dans les kiwis congelés, préalablement vidés.

Sorbet aux petits fruits et au citron

- 454 g (1 lb) de framboises, de mûres et / ou de bleuets
- 125 ml (½ tasse) de sucre brut
- Jus et zeste finement râpé de 1 citron
- Demi-citrons vidés et congelés, pour la présentation

1. Mettre les framboises, les mûres, les bleuets, le sucre et le jus de citron dans une casserole. Cuire à feu moyen jusqu'à ce que les fruits s'écrasent bien à la fourchette. Réduire la préparation en purée au mélangeur ou au robot culinaire. Passer au tamis pour enlever les graines, si désiré.

2. Verser la préparation dans un contenant bas et large et laisser au congélateur environ 2 heures. Passer au robot en l'actionnant par petits coups pour briser tous les cristaux ; répéter l'opération deux fois. Remettre au congélateur de 6 à 8 heures, jusqu'à l'obtention d'un sorbet ferme.

Servez votre sorbet dans des citrons congelés, préalablement vidés.

Bons sorbets!

Croustade aux amoureux

8 PORTIONS

- 3 pommes* pelées et coupées en morceaux
- 750 ml (3 tasses) de rhubarbe, lavée et tranchée
- Graines de 1 gousse de vanille ou 1 c. à café (1 c. à thé) d'extrait de vanille
- 60 ml (¼ tasse) de sucre brut
- 80 ml (⅓ tasse) de beurre à la température ambiante ou de margarine végétale non hydrogénée
- 125 ml (½ tasse) de cassonade à l'ancienne
- 175 ml (¾ tasse) de farine non blanchie
- ¼ c. à café (¼ c. à thé) de sel
- 80 ml (⅓ tasse) d'amandes émincées
- 80 ml (⅓ tasse) de pacanes concassées
- Garniture : crème glacée à la vanille ou yogourt glacé

*En saison, utiliser des pommes du Québec, sinon prendre des pommes Gala ou des pommes Délicieuses jaunes.

Voici l'histoire d'amour entre la pomme et la rhubarbe.

1. Préchauffer le four à 190 °C (375 °F). Dans un grand bol, faire se rencontrer les pommes et la rhubarbe, qui tomberont immédiatement amoureux. Ajouter la vanille et le sucre, et mélanger. Verser dans un moule carré de 20 cm (8 po).

2. Dans un autre bol, mélanger le beurre et la cassonade. Ajouter la farine, le sel, les amandes et les pacanes, et bien mélanger. Répartir cette préparation sur les fruits amoureux et cuire au four de 45 à 50 minutes.

3. Servir tiède ou à la température ambiante. Si désiré, accompagner de crème glacée à la vanille ou de yogourt glacé.

Quelle belle histoire d'amour !

Les valeurs nutritives

Les brunchs

L'autobus touristique (p. 30)

Calories	581 kcal
Lipides	40,95 g
Monoinsaturés	12,5 g
Polyinsaturés	5,99 g
Saturés	19,73 g
Glucides	36,59 g
Fibres	5,56 g
Sucres	14,27 g
Protéines	20,46 g

Balles de ping-pong au chapeau melon (p. 18)

Calories	144 kcal
Lipides	0,4 g
Monoinsaturés	0 g
Polyinsaturés	0,1 g
Saturés	0,1 g
Glucides	36,5 g
Fibres	2,3 g
Sucres	31,8 g
Protéines	1,9 g

Le clown Rosti (p. 22)

Portion	¼ recette
Calories	178 kcal
Lipides	4,3 g
Monoinsaturés	1,4 g
Polyinsaturés	0,4 g
Saturés	2,1 g
Glucides	28,4 g
Fibres	3,1 g
Sucres	3,2 g
Protéines	6,9 g

Source de calcium et de fer
Bonne source de vitamine C

Communauté de fruits (p. 16)

Portion	⅓ recette
Calories	214 kcal
Lipides	0,7 g
Monoinsaturés	0,1 g
Polyinsaturés	0,3 g
Saturés	0,1 g
Glucides	54,8 g
Fibres	4,5 g
Sucres	43,5 g
Protéines	2,3 g

Source de fer
Excellente source de vitamine C

Contreplaqué au fromage grillé (p. 19)

Portion	1 sandwich
Calories	526 kcal
Lipides	36,2 g
Monoinsaturés	10,3 g
Polyinsaturés	1,7 g
Saturés	21,8 g
Glucides	26,9 g
Fibres	3,6 g
Sucres	6,3 g
Protéines	26,8 g

Excellente source de calcium
Bonne source de fer

Famille de roulés échevelés (p. 34)

Portion	1 sandwich
Calories	526 kcal
Lipides	36,2 g
Monoinsaturés	10,3 g
Polyinsaturés	1,7 g
Saturés	21,8 g
Glucides	26,9 g
Fibres	3,6 g
Sucres	6,3 g
Protéines	26,8 g

Excellente source de calcium
Bonne source de fer

Fleur du matin pochée (p. 28)

Calories	303,6 kcal
Lipides	16,5 g
Monoinsaturés	6,9 g
Polyinsaturés	1,62 g
Saturés	6,57 g
Glucides	19,5 g
Fibres	3,3 g
Sucres	4,3 g
Protéines	20,6 g

Forêt de champignons en muffins (p. 38)

Calories	268,3 kcal
Lipides	12,6 g
Monoinsaturés	8,8 g
Polyinsaturés	1,7 g
Saturés	1,6 g
Glucides	34 g
Fibres	3,1 g
Sucres	13,7 g
Protéines	6,2 g

Galarneau du matin (p. 26)

(n'inclut pas les garnitures)	
Calories	313,8 kcal
Lipides	15,6 g
Monoinsaturés	4,9 g
Polyinsaturés	1,5 g
Saturés	7,7 g
Glucides	27,1 g
Fibres	3 g
Sucres	1,9 g
Protéines	17,6 g

Gaufres au tic-tac-toe (p. 14)

(125 ml fruits/portion)	
Portion	½ recette
Calories	329 kcal
Lipides	13,4 g
Monoinsaturés	3,9 g
Polyinsaturés	1,3 g
Saturés	7,1 g
Glucides	43,7 g
Fibres	3,2 g
Sucres	10,1 g
Protéines	9,1 g

Source de calcium
Bonne source de fer

Granolas disco infourno (p. 10)

Portion	⅟₁₆ recette (99 g)
Calories	373 kcal
Lipides	19,4 g
Monoinsaturés	5,5 g
Polyinsaturés	9,9 g
Saturés	2,8 g
Glucides	44,8 g
Fibres	6,4 g
Sucres	16,8 g
Protéines	9,0 g

Source de calcium
Bonne source de fer

Haltères au fromage (p. 32)

Calories	56,4 kcal
Lipides	5,25 g
Monoinsaturés	1,5 g
Polyinsaturés	0,2 g
Saturés	3,2 g
Glucides	0,6 g
Fibres	0 g
Sucres	0 g
Protéines	2 g

Maisons aux dattes (p. 20)

Portion	1 muffin
Calories	307 kcal
Lipides	14,9 g
Monoinsaturés	3,8 g
Polyinsaturés	8,1 g
Saturés	2,1 g
Glucides	41,7 g
Fibres	4,7 g
Sucres	21,0 g
Protéines	5,1 g

Source de fer

Œufs d'amour (p. 12)

Portion	½ recette
Calories	266 kcal
Lipides	16,8 g
Monoinsaturés	5,6 g
Polyinsaturés	1,8 g
Saturés	7,7 g
Glucides	14,7 g
Fibres	2,0 g
Sucres	6,8 g
Protéines	14,8 g

Papillon au fromage (p. 24)

Portion	1 papillon
Calories	261,9 kcal
Lipides	9,9 g
Monoinsaturés	2,8 g
Polyinsaturés	0,7 g
Saturés	5,6 g
Glucides	31,2 g
Fibres	1,8 g
Sucres	3,9 g
Protéines	11,8 g

Les lunchs

Tortues aux pamplemousses (p. 36)

Calories	250 kcal
Lipides	18,2 g
Monoinsaturés	11,8 g
Polyinsaturés	2,4 g
Saturés	2,9 g
Glucides	22,4 g
Fibres	6,9 g
Sucres	11,3 g
Protéines	3,5 g

Voiliers en coco (p. 27)

(décoration non incluse)

Calories	123 kcal
Lipides	10,4 g
Monoinsaturés	3,5 g
Polyinsaturés	3,7 g
Saturés	2,4 g
Glucides	0,6 g
Fibres	0 g
Sucres	0,4 g
Protéines	6,2 g

Bagel du Far West (p. 52)

Portion	1 bagel (⅓ recette)
Calories	435 kcal
Lipides	24 g
Monoinsaturés	5,6 g
Polyinsaturés	1,3 g
Saturés	12,6 g
Glucides	43,0 g
Fibres	2,6 g
Sucres	5 g
Protéines	12 g

Source de vitamine C et de calcium
Bonne source de fer

Barboteuse de légumineuses (p. 42)

Portion	⅓ recette
Calories	459 kcal
Lipides	26,3 g
Monoinsaturés	18,3 g
Polyinsaturés	3,2 g
Saturés	3,5 g
Glucides	44,0 g
Fibres	12,2 g
Sucres	4,7 g
Protéines	14,9 g

Château de sable en quinoa (p. 54)

Calories	353,9 kcal
Lipides	22,5 g
Monoinsaturés	11,3 g
Polyinsaturés	5,3 g
Saturés	4 g
Glucides	29,5 g
Fibres	3,5 g
Sucres	1,9 g
Protéines	10,9 g
Sodium	457 mg

Édifice de sandwich au tofu (p. 46)

Portion	⅓ recette
Calories	287 kcal
Lipides	9,6 g
Monoinsaturés	2,7 g
Polyinsaturés	4,4 g
Saturés	1,7 g
Glucides	42,2 g
Fibres	7 g
Sucres	18,8 g
Protéines	12,9 g

Excellente source de vitamine C
et de fer
Bonne source de calcium

Falafels bébé fafa ! (p. 60)

Calories	289 kcal
Lipides	13,41 g
Monoinsaturés	6,2 g
Polyinsaturés	4,5 g
Saturés	1,7 g
Glucides	33,7 g
Fibres	6,5 g
Sucres	5 g
Protéines	11,1 g

Potage d'Annie Brocoli (p. 44)

Portion	⅓ recette
Calories	258 kcal
Lipides	8,8 g
Monoinsaturés	2,3 g
Polyinsaturés	0,3 g
Saturés	5,3 g
Glucides	34,7 g
Fibres	4,9 g
Sucres	10,0 g
Protéines	13,4 g

Salade de pois qui rient (p. 48)

Portion	⅓ recette
Calories	504 kcal
Lipides	21,8 g
Monoinsaturés	10,6 g
Polyinsaturés	2,1 g
Saturés	8,1 g
Glucides	62,8 g
Fibres	7,1 g
Sucres	7,2 g
Protéines	16,0 g

Salade de rondelles de hockey (p. 56)

Calories	389,3 kcal
Lipides	20,1 g
Monoinsaturés	9,9 g
Polyinsaturés	7 g
Saturés	2,4 g
Glucides	39,6 g
Fibres	8,5 g
Sucres	6,6 g
Protéines	16,2 g

Sandwich au pâté de bouette (p. 64)	
Portion	1 pain (¼ recette)
Calories	766 kcal
Lipides	50,5 g
Monoinsaturés	24,6 g
Polyinsaturés	17,0 g
Saturés	7,0 g
Glucides	68,3 g
Fibres	11,3 g
Sucres	7,7 g
Protéines	17,3 g

Source de calcium et de vitamines
Excellente source de fer

Sandwichs à la chandelle (p. 58)	
Calories	424,7 kcal
Lipides	24,8 g
Monoinsaturés	7,3 g
Polyinsaturés	1,8 g
Saturés	14,2 g
Glucides	43,2 g
Fibres	6,5 g
Sucres	20,1 g
Protéines	11,65 g

Soupe indienne à lunettes (p. 62)	
Portion	⅕ recette
Calories	152 kcal
Lipides	4,9 g
Monoinsaturés	2,1 g
Polyinsaturés	0,5 g
Saturés	2,0 g
Glucides	22,0 g
Fibres	4,0 g
Sucres	8,5 g
Protéines	7,2 g

Végépâté du docteur Germaine (p. 50)	
Calories	169,2 kcal
Lipides	12,1 g
Monoinsaturés	5 g
Polyinsaturés	5,1 g
Saturés	1,4 g
Glucides	13,1 g
Fibres	3 g
Sucres	1,2 g
Protéines	4,2 g

Les canots voyageurs (p. 68)	
Portion	¼ recette
Calories	223 kcal
Lipides	14,9 g
Monoinsaturés	6,8 g
Polyinsaturés	1,7 g
Saturés	4,8 g
Glucides	14,2 g
Fibres	2,7 g
Sucres	3,7 g
Protéines	9,8 g

Casserole aux haricots (p. 82)	
Portion	¼ recette
Calories	348 kcal
Lipides	17,4 g
Monoinsaturés	2,7 g
Polyinsaturés	0,7 g
Saturés	12,4 g
Glucides	38,9 g
Fibres	14,3 g
Sucres	4,3 g
Protéines	13,6 g

Source de calcium
Excellente source de fer
et de vitamine C

Coffres aux trésors au quinoa (p. 88)	
Portion	¼ recette
Calories	306 kcal
Lipides	17,2 g
Monoinsaturés	5,2 g
Polyinsaturés	3,9 g
Saturés	6,2 g
Glucides	27,6 g
Fibres	3,7 g
Sucres	1,8 g
Protéines	13,4 g

Bonne source de calcium
Excellente source de fer
et de vitamine C

Croquettes santé (p. 98)	
Calories	326 kcal
Lipides	11,1 g
Monoinsaturés	3,8 g
Polyinsaturés	1,1 g
Saturés	5,5 g
Glucides	44,7 g
Fibres	5 g
Sucres	5,4 g
Protéines	13,8 g

Fantômes de la famille Dumpling (p. 78)	
Portion	1 fantôme
Calories	48 kcal
Lipides	1,8 g
Monoinsaturés	0,8 g
Polyinsaturés	0,4 g
Saturés	0,2 g
Glucides	5,5 g
Fibres	0,3 g
Sucres	0,2 g
Protéines	2,7 g

Excellente source de calcium
Source de fer

Fenouil du pompier (p. 73)	
Calories	143,8 kcal
Lipides	9,42 g
Monoinsaturés	4,1 g
Polyinsaturés	0,6 g
Saturés	4,2 g
Glucides	15,7 g
Fibres	2 g
Sucres	10,6 g
Protéines	1 g

Frites à la Germaine (p. 94)	
Calories	103,4 kcal
Lipides	2,7 g
Monoinsaturés	1,3 g
Polyinsaturés	0,2 g
Saturés	1 g
Glucides	17,4 g
Fibres	3,2 g
Sucres	4,8 g
Protéines	3,2 g

Germinations de légumineuses (p. 84)	
Portion	250 ml de germe de haricots mungo
Calories	3 kcal
Lipides	0 g
Monoinsaturés	0 g
Polyinsaturés	0 g
Saturés	0 g
Glucides	0,7 g
Fibres	0,2 g
Sucres	0,5 g
Protéines	0,3 g

Source de calcium et de fer

Jardin de blé aux fruits séchés (p. 72)	
Portion	¼ recette
Calories	316 kcal
Lipides	4,3 g
Monoinsaturés	2,6 g
Polyinsaturés	0,7 g
Saturés	0,6 g
Glucides	61,1 g
Fibres	3,9 g
Sucres	14,5 g
Protéines	9,3 g

Source de fer et de vitamine C

Karaté de légumes au tofu (p. 74)	
Portion	¼ recette
Calories	421 kcal
Lipides	20,2 g
Monoinsaturés	3,6 g
Polyinsaturés	9,7 g
Saturés	2,3 g
Glucides	38,9 g
Fibres	8,7 g
Sucres	23,1 g
Protéines	27,9 g

Excellente source de calcium,
de vitamine C et de fer

M. Burger au tofu touffu qui fait la grimace (p. 90)	
Calories	475,5 kcal
Lipides	29,43 g
Monoinsaturés	13 g
Polyinsaturés	8,1 g
Saturés	4,3 g
Glucides	35,6 g
Fibres	3,3 g
Sucres	12 g
Protéines	20,7 g

Orgeotto du professeur Germaine (p. 92)	
Calories	381 kcal
Lipides	14,5 g
Monoinsaturés	5,2 g
Polyinsaturés	1,1 g
Saturés	7,2 g
Glucides	49,7 g
Fibres	7,3 g
Sucres	4,7 g
Protéines	16 g

Pizza éclair (p. 70)	
Portion	¼ recette
Calories	461 kcal
Lipides	31,7 g
Monoinsaturés	0,6 g
Polyinsaturés	0,2 g
Saturés	12,1 g
Glucides	23,6 g
Fibres	3,9 g
Sucres	4,0 g
Protéines	16,5 g

Poisson en paillettes de courgettes (p. 96)	
Calories	382,7 kcal
Lipides	24,6 g
Monoinsaturés	10,6 g
Polyinsaturés	6,1 g
Saturés	6,7 g
Glucides	28,6 g
Fibres	1,2 g
Sucres	3,2 g
Protéines	12,3 g
Sodium	416 mg

Ratatouille de la grenouille (p. 76)	
Portion	¼ recette
Calories	240 kcal
Lipides	13,2 g
Monoinsaturés	9,0 g
Polyinsaturés	1,7 g
Saturés	1,8 g
Glucides	30,7 g
Fibres	11,7 g
Sucres	13,4 g
Protéines	6,3 g

Source de calcium
Excellente source de fer et de vitamine C

Sac de couchage aux légumes (p. 80)	
Portion	1 rouleau (⅛ recette)
Calories	158 kcal
Lipides	5,8 g
Monoinsaturés	2,6 g
Polyinsaturés	1,9 g
Saturés	0,9 g
Glucides	22,8 g
Fibres	2,0 g
Sucres	7,7 g
Protéines	4,8 g

Source de fer et de vitamine C

Les collations

Tapisserie aux pommes de terre et aux tomates (p. 86)	
Calories	167,7 kcal
Lipides	7 g
Monoinsaturés	5,1 g
Polyinsaturés	0,8 g
Saturés	1 g
Glucides	22,9 g
Fibres	2,2 g
Sucres	1,4 g
Protéines	2,8 g

Train de tofu et de tomates cerises (p. 100)	
Calories	232,4 kcal
Lipides	15,9 g
Monoinsaturés	7,5 g
Polyinsaturés	3 g
Saturés	2,1 g
Glucides	10,6 g
Fibres	2,1 g
Sucres	4 g
Protéines	14,4 g

Banquise au yogourt (p. 115)	
Portion	1 pops (⅟₁₁ recette)
Calories	67 kcal
Lipides	0,9 g
Monoinsaturés	0,3 g
Polyinsaturés	0,1 g
Saturés	0,6 g
Glucides	13,5 g
Fibres	0,4 g
Sucres	12,1 g
Protéines	2,0 g

Source de calcium et de vitamine C

Bonhomme de neige en crème glacée (p. 110)	
Calories	304,3 kcal
Lipides	11,32 g
Monoinsaturés	3,9 g
Polyinsaturés	0,9 g
Saturés	5,5 g
Glucides	47,2 g
Fibres	1,5 g
Sucres	23,3 g
Protéines	4,7 g

Bonshommes du Jour de l'An (p. 118)	
Calories	159 kcal
Lipides	7,1 g
Monoinsaturés	1,9 g
Polyinsaturés	0,4 g
Saturés	4,2 g
Glucides	22 g
Fibres	0,6 g
Sucres	8,6 g
Protéines	2,1 g

Boules d'amour au chocolat (p. 112)	
Calories	67,5 kcal
Lipides	4,2 g
Monoinsaturés	0,4 g
Polyinsaturés	0,1 g
Saturés	2,5 g
Glucides	7 g
Fibres	0,7 g
Sucres	5,3 g
Protéines	0,7 g

Lait de poc-poc aux fruits (p. 114)	
Portion	1 portion (1 recette)
Calories	308 kcal
Lipides	9,8 g
Monoinsaturés	3,2 g
Polyinsaturés	1,0 g
Saturés	4,4 g
Glucides	40,7 g
Fibres	2,7 g
Sucres	35,7 g
Protéines	14,5 g

Excellente source de calcium
Source de fer
Bonne source de vitamine C

Maïs soufflé maison (p. 120)	
Calories	151,2 kcal
Lipides	11,1 g
Monoinsaturés	5,1 g
Polyinsaturés	1 g
Saturés	4,4 g
Glucides	12,1 g
Fibres	2,4 g
Sucres	0,1 g
Protéines	1,9 g

Mojito des petits Brocoli (p. 117)	
Calories	76,4 kcal
Lipides	1,8 g
Monoinsaturés	0,4 g
Polyinsaturés	0,9 g
Saturés	0,3 g
Glucides	13,1 g
Fibres	0,9 g
Sucres	2,3 g
Protéines	2,1 g

Pita chips à l'égyptienne (p. 108)	
Portion	1 croustille
Calories	25 kcal
Lipides	1,3 g
Monoinsaturés	0,9 g
Polyinsaturés	0,1 g
Saturés	0,2 g
Glucides	2,8 g
Fibres	0,1 g
Sucres	0,1 g
Protéines	0,5 g

Pitas-chips à la française (p. 109)

Portion	1 croustille
Calories	25 kcal
Lipides	1,3 g
Monoinsaturés	0,9 g
Polyinsaturés	0,1 g
Saturés	0,2 g
Glucides	2,8 g
Fibres	0,1 g
Sucres	0,1 g
Protéines	0,5 g

Porc-épic à la mode (p. 104)

Portion	½ recette
Calories	607 kcal
Lipides	43,2 g
Monoinsaturés	12,1 g
Polyinsaturés	1,3 g
Saturés	27,4 g
Glucides	23,8 g
Fibres	1,6 g
Sucres	19,6 g
Protéines	33,2 g

Potion chaude aux pommes (p. 116)

Calories	118,7 kcal
Lipides	0,25 g
Monoinsaturés	0 g
Polyinsaturés	0,1 g
Saturés	0,1 g
Glucides	29,1 g
Fibres	0,3 g
Sucres	27,6 g
Protéines	0,4 g

Poussins à la noix de coco (p. 122)

Calories	200,4 kcal
Lipides	9,8 g
Monoinsaturés	2,7 g
Polyinsaturés	0,7 g
Saturés	5,7 g
Glucides	25,2 g
Fibres	0,9 g
Sucres	13 g
Protéines	3,6 g

Sangria des petits Brocoli (p. 124)

Portions	4 portions
Calories	143 kcal
Lipides	0,3 g
Monoinsaturés	0 g
Polyinsaturés	0,1 g
Saturés	0 g
Glucides	36 g
Fibres	0,9 g
Sucres	29,6 g
Protéines	0,4 g

Smoothie au tourbillon tropical (p. 111)

Portion	1 portion (½ recette)
Calories	272 kcal
Lipides	10,4 g
Monoinsaturés	0,8 g
Polyinsaturés	2,2 g
Saturés	6,5 g
Glucides	39,2 g
Fibres	2,0 g
Sucres	21,9 g
Protéines	8,4 g

Source de calcium et de fer
Excellente source de vitamine C

Spa aux crudités – Trempette aux tomates séchées (p. 105)

Portion	30 g
Calories	72 kcal
Lipides	6,2 g
Monoinsaturés	1,3 g
Polyinsaturés	2,0 g
Saturés	1,6 g
Trans	0,0 g
Glucides	2,5 g
Fibres	0,1 g
Sucres	1,1 g
Protéines	1,6 g

Spa aux crudités – Trempette érable et moutarde (p. 105)

Portion	30 g (½ recette)
Calories	64 kcal
Lipides	5,3 g
Monoinsaturés	1,4 g
Polyinsaturés	2,1 g
Saturés	1,5 g
Trans	0,0 g
Glucides	2,2 g
Fibres	0,1 g
Sucres	1,0 g
Protéines	1,8 g

Usine à barres tendres (p. 106)

Portion	1 barre (¹⁄₃₀ recette)
Calories	219 kcal
Lipides	12 g
Monoinsaturés	5,5 g
Polyinsaturés	4,5 g
Saturés	1,4 g
Glucides	25,9 g
Fibres	3,0 g
Sucres	16,8 g
Protéines	5,0 g

Source de fer

Virevents aux abricots (p. 126)

Calories	99 kcal
Lipides	6 g
Monoinsaturés	2,6 g
Polyinsaturés	1,6 g
Saturés	1,5 g
Glucides	10,2 g
Fibres	0,7 g
Sucres	2,4 g
Protéines	1,2 g

Les desserts

Bagatelle classique aux framboises (p. 146)

Calories	202,7 kcal
Lipides	1,7 g
Monoinsaturés	0,4 g
Polyinsaturés	0,3 g
Saturés	0,8 g
Glucides	45,2 g
Fibres	4,7 g
Sucres	33,5 g
Protéines	4,8 g

Croustade aux amoureux (p. 150)

Portion	⅛ recette
Calories	264 kcal
Lipides	13,8 g
Monoinsaturés	6,9 g
Polyinsaturés	4,1 g
Saturés	1,6 g
Glucides	34,4 g
Fibres	2,8 g
Sucres	21,4 g
Protéines	3,2 g

Source de fer, de calcium et de vitamine C

Citrouille à la potion magique (p. 130)

Portion	¼ recette (1 ramequin)
Calories	323 kcal
Lipides	27,5 g
Monoinsaturés	8,7 g
Polyinsaturés	1,6 g
Saturés	15,4 g
Glucides	15,9 g
Fibres	0,4 g
Sucres	13,4 g
Protéines	4,5 g

Cupcakes de la Florida (p. 132)

Portion	¹⁄₁₂ recette
Calories	268 kcal
Lipides	13,5 g
Monoinsaturés	7,9 g
Polyinsaturés	3,1 g
Saturés	1,9 g
Glucides	32,4 g
Fibres	1,8 g
Sucres	13,0 g
Protéines	4,9 g

Gâteaux aux rubis rouges (p. 134)

Portion	⅓ recette
Calories	564 kcal
Lipides	37,2 g
Monoinsaturés	11,3 g
Polyinsaturés	19,9 g
Saturés	4,0 g
Glucides	53,2 g
Fibres	4,5 g
Sucres	23,6 g
Protéines	7,8 g

Source de fer

Poire Belle-Germaine (p. 138)	
Calories	415 kcal
Lipides	30,6 g
Monoinsaturés	9,3 g
Polyinsaturés	1 g
Saturés	18,9 g
Glucides	45,2 g
Fibres	11,3 g
Sucres	24,1 g
Protéines	9,2 g

Poterie au chocolat pour canneberges (p. 140)	
Calories	270 kcal
Lipides	17,6 g
Monoinsaturés	5 g
Polyinsaturés	0,8 g
Saturés	10,6 g
Glucides	29,9 g
Fibres	3,1 g
Sucres	17,9 g
Protéines	4,2 g

Potion de fée gelée à l'ananas (p. 144)	
(fraises non incluses)	
Calories	105 kcal
Lipides	0,1 g
Monoinsaturés	0 g
Polyinsaturés	0 g
Saturés	0 g
Glucides	27,2 g
Fibres	0,4 g
Sucres	26,8 g
Protéines	0,5 g

Sorbetière pas ordinaire (p. 148)	
Calories	686,6 kcal
Lipides	3,3 g
Monoinsaturés	0,3 g
Polyinsaturés	1,9 g
Saturés	0,1 g
Glucides	171,4 g
Fibres	33,8 g
Sucres	129,3 g
Protéines	6,4 g

Trottoir aux raisins (p. 142)	
Calories	234 kcal
Lipides	11,7 g
Monoinsaturés	4,9 g
Polyinsaturés	4,2 g
Saturés	1,9 g
Glucides	30,4 g
Fibres	0,7 g
Sucres	13,2 g
Protéines	2,5 g

Volcan à la fraise et à la rhubarbe (p. 136)	
Calories	104,3 kcal
Lipides	0,3 g
Monoinsaturés	0,1 g
Polyinsaturés	0,2 g
Saturés	0 g
Glucides	25,8 g
Fibres	2,3 g
Sucres	22,3 g
Protéines	0,9 g

Concept du livre et auteure des histoires : Annie Brocoli
Livre tiré de la série télévisée *Annie Brocoli présente G cuisiné* diffusée
à Radio-Canada

Design graphique : François Daxhelet
Traitement des images : Mélanie Sabourin
Révision : Sylvie Massariol
Correction : Élyse-Andrée Héroux
Photographies :
© Mathieu Dupuis : pages 4, 6, 7, 8, 9, 13, 15, 17, 20 (Germaine),
21, 23, 25, 28, 29, 33, 35, 36, 37, 40, 42, 43, 44, 47, 48, 49, 50, 51, 52, 55,
57, 58, 59, 61, 62, 63, 65, 66, 69, 70, 71, 75, 76, 77, 82, 83, 87, 88, 91, 93,
94, 95, 96, 97, 102, 106, 107, 109, 112, 113, 118, 119, 121, 122, 125, 127, 128,
131, 133, 134, 135, 136, 137, 138, 139, 141, 143, 145, 147, 149, 150, 151, 158
© Productions Benannah Inc. : pages 5, 10, 11, 12, 14, 16, 18, 19, 20 (plat),
22, 24, 26, 27, 30, 31, 32, 34, 38, 39, 45, 46, 53, 54, 56, 60, 64, 68, 72, 73,
74, 79, 80, 81, 84, 86, 89, 90, 92, 98, 99, 100, 101, 104, 105, 108, 110,
111, 114, 115, 116, 117, 120, 123, 124, 126, 130, 132, 140, 142, 144, 146, 148
Illustrations des poissons et de leur environnement : Martin Leduc
Illustrations des fleurs et des aliments : François Daxhelet
**Illustrations des histoires sur les aliments racontées
par Annie Brocoli :** Geneviève Couture

Équipe télé
Concept : Annie Brocoli
Les productions Benannah Inc.
Directrice des émissions jeunesse et famille : Lisa Savard
Chef de contenu : Camille Tremblay
Producteur exécutif : Mark Lazare
Productrice déléguée : Véronique Dea
Coordonnatrice de production : Vanessa Seiler
Assistant de production : Vincent Loiselle
Recettes originales : Josée Robitaille
Styliste culinaire : Céline Comeau
Assistantes de la styliste : Danielle Dulude et Lisa Birri

LES PRODUCTIONS
BENANNAHinc

11-11

© 2011, Les Éditions de l'Homme,
division du Groupe Sogides inc.,
filiale de Quebecor Media inc.
(Montréal, Québec)

Dépôt légal : 2011
Bibliothèque et Archives nationales du Québec

ISBN 978-2-7619-3169-4

Imprimé en Chine

DISTRIBUTEUR EXCLUSIF :

Pour le Canada et les États-Unis :
MESSAGERIES ADP*
2315, rue de la Province
Longueuil, Québec J4G 1G4
Téléphone : 450 640-1237
Télécopieur : 450 674-6237
Internet : www.messageries-adp.com
* filiale du Groupe Sogides inc.,
  filiale de Quebecor Media inc.

Catalogage avant publication de Bibliothèque et Archives nationales
du Québec et Bibliothèque et Archives Canada

Brocoli, Annie

G cuisiné : 75 recettes végétariennes

ISBN 978-2-7619-3169-4

1. Cuisine végétarienne - Ouvrages pour la jeunesse. 2. Cuisine - Ouvrages
pour la jeunesse. I. Titre.

TX837.B762 2011   j641.5'636   C2011-941673-5

Gouvernement du Québec – Programme de crédit d'impôt pour
l'édition de livres – Gestion SODEC –
www.sodec.gouv.qc.ca

L'Éditeur bénéficie du soutien de la Société de développement
des entreprises culturelles du Québec pour son programme
d'édition.

Le Conseil des Arts du Canada
The Canada Council for the Arts

Nous remercions le Conseil des Arts du Canada de l'aide accordée
à notre programme de publication.

Nous reconnaissons l'aide financière du gouvernement du
Canada par l'entremise du Fonds du livre du Canada pour nos
activités d'édition.

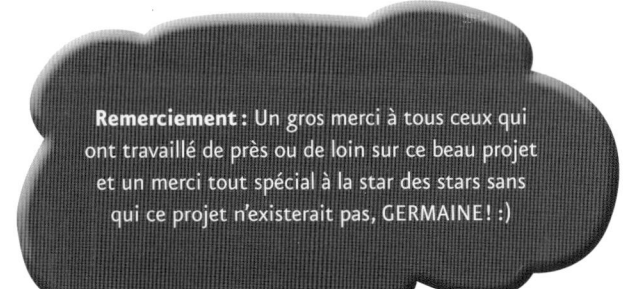

Remerciement : Un gros merci à tous ceux qui ont travaillé de près ou de loin sur ce beau projet et un merci tout spécial à la star des stars sans qui ce projet n'existerait pas, GERMAINE ! :)

Suivez les Éditions de l'Homme sur le Web

Consultez notre site Internet et inscrivez-vous à l'infolettre pour rester informé en tout temps de nos publications et de nos concours en ligne. Et croisez aussi vos auteurs préférés et l'équipe des Éditions de l'Homme sur nos blogues !

EDITIONS-HOMME.COM